#LANGUAGE HACKING

UM CURSO DE CONVERSAÇÃO PARA INICIANTES

ESPANHOL

Teach Yourself®

#LANGUAGE HACKING

UM CURSO DE CONVERSAÇÃO PARA INICIANTES

ESPANHOL

Aprenda a falar espanhol conversando desde o início com pessoas reais!

BENNY LEWIS

O POLIGLOTA IRLANDÊS

ALTA BOOKS
EDITORA
Rio de Janeiro, 2022

Language Hacking Espanhol
Copyright © 2022 da Starlin Alta Editora e Consultoria Eireli.
ISBN: 978-85-5080-726-3

Translated from original Language Hacking Spanish. Copyright © Brendan Lewis 2016. ISBN 978-1-4736-3321-6. This translation is published and sold by permission of John Murray Learning, an imprint of Clays, Ltd, the owner of all rights to publish and sell the same. PORTUGUESE language edition published by Starlin Alta Editora e Consultoria Eireli, Copyright © 2022 by Starlin Alta Editora e Consultoria Eireli.

Impresso no Brasil — 1ª Edição, 2022 — Edição revisada conforme o Acordo Ortográfico da Língua Portuguesa de 2009.

Dados Internacionais de Catalogação na Publicação (CIP) de acordo com ISBD

L6731 Lewis, Benny

Language Hacking Espanhol: um curso de conversação para iniciantes / Benny Lewis ; traduzido por Edite Siegert. – Rio de Janeiro : Alta Books, 2021.
256 p. : il. ; 17cm x 24cm. – (Language Hacking)

Tradução de: Language Hacking Spanish
ISBN: 978-85-5080-726-3

1. Línguas. 2. Idioma. 3. Espanhol. I. Siegert, Edite. II. Título. III. Série.

2022-821 CDD 460
CDU 811.134.2

Elaborado por Odilio Hilario Moreira Junior - CRB-8/9949

Índice para catálogo sistemático:
1. Língua espanhola 430
2. Língua espanhola 811.112.2

Produção Editorial
Editora Alta Books

Diretor Editorial
Anderson Vieira
anderson.vieira@altabooks.com.br

Editor
José Ruggeri
j.ruggeri@altabooks.com.br

Gerência Comercial
Claudio Lima
claudio@altabooks.com.br

Gerência Marketing
Andrea Guatiello
marketing@altabooks.com.br

Coordenação Comercial
Thiago Biaggi

Coordenação de Eventos
Viviane Paiva
comercial@altabooks.com.br

Coordenação ADM/Finc.
Solange Souza

Direitos Autorais
Raquel Porto
rights@altabooks.com.br

Assistente Editorial
Gabriela Paiva

Produtores Editoriais
Illysabelle Trajano
Larissa Lima
Maria de Lourdes Borges
Paulo Gomes
Thales Silva
Thiê Alves

Equipe Comercial
Adriana Baricelli
Daiana Costa
Fillipe Amorim
Heber Garcia
Kaique Luiz
Maira Conceição
Victor Hugo Morais

Equipe Editorial
Beatriz de Assis
Brenda Rodrigues
Caroline David
Henrique Waldez
Marcelli Ferreira
Mariana Portugal

Marketing Editorial
Jessica Nogueira
Livia Carvalho
Marcelo Santos
Pedro Guimarães
Thiago Brito

Atuaram na edição desta obra:

Tradução
Edite Siegert

Copidesque
Igor Farias

Revisão Gramatical
Samantha Batista
Gabriella Araújo

Narração
Daniel Augusto

Diagramação
Lucia Quaresma

Editora **afiliada à:**

ASSOCIADO CBL Câmara Brasileira do Livro

ALTA BOOKS EDITORA

Rua Viúva Cláudio, 291 — Bairro Industrial do Jacaré
CEP: 20.970-031 — Rio de Janeiro (RJ)
Tels.: (21) 3278-8069 / 3278-8419
www.altabooks.com.br — altabooks@altabooks.com.br
Ouvidoria: ouvidoria@altabooks.com.br

SUAS MISSÕES

INTRODUÇÃO

- Um recado do Benny viii
- Como usar este curso ix
- O que você encontrará no livro ix
- O que você encontrará online xiii
- Contrato do Hacker da linguagem xiv
- Guia de Pronúncia xv

UNIDADE 1: FALE SOBRE VOCÊ

CONVERSA 1: As primeiras palavras de qualquer conversa 2

Você aprenderá a dizer *¿Qué tal?* para cumprimentar alguém e *Hola, soy... ¿Y tú?* para se apresentar

CONVERSA 2: Descreva seus interesses 7

Você aprenderá a dizer *Me gusta... Me encanta...* para falar sobre algo de que gosta (ou não)

#languagehack: Aproveite as palavras que já sabe 9

CONVERSA 3: Por que está aprendendo espanhol? 12

Você aprenderá a dizer *¿Por qué? Porque quiero...* para perguntar e responder

Sua Missão: Diga seu nome, de onde vem, onde mora e por que está estudando espanhol.

UNIDADE 2: PUXE CONVERSA

CONVERSA 1: Palavras essenciais para fazer perguntas 20

Você aprenderá a dizer *¿Te gusta...? ¿Hablas...? No, solo hablo...* para fazer perguntas e responder

#languagehack: Aprender vocabulário com associações é muito mais rápido 25

CONVERSA 2: Há quanto tempo você estuda espanhol? 26

Você aprenderá a dizer *Desde cuándo* para perguntar "desde quando" e *desde (hace)* para dizer há quanto tempo

CONVERSA 3: Compartilhe opiniões 32

Você aprenderá a dizer *Creo que... Yo prefiero... Debo...* para expressar a sua opinião

Sua Missão: Diga quais idiomas você fala e há quanto tempo estuda espanhol

UNIDADE 3: RESOLVA OS PROBLEMAS DE COMUNICAÇÃO

CONVERSA 1: Bate-papo online 42

Você aprenderá a dizer *Gracias por enseñarme...* para conversar com pessoas novas

CONVERSA 2: Não entendi... 49

Você aprenderá a dizer *Lo siento, no entiendo...* para pedir explicações

CONVERSA 3: Você consegue me ouvir? 56

Você aprenderá a dizer *¿Puedes oírme? Necesito reiniciarlo...* para conversar online

#languagehack: Use o truque das terminações para turbinar a memorização dos gêneros das palavras 63

Sua Missão: Use frases essenciais na conversa e diga de onde você é e onde trabalha.

UNIDADE 4: DESCREVA SEUS PLANOS PARA O FUTURO

CONVERSA 1: Desculpe, você fala espanhol? 70

Você aprenderá a dizer *¿Te importa si...? ¡Puedes sentarte aquí!* para puxar assunto

CONVERSA 2: Aonde você vai? 77

Você aprenderá a dizer *¿Viajas? Debes visitar... pasar... tomar un tren...* para falar sobre planos de viagem

CONVERSA 3: O que você vai fazer no fim de semana? 84

Você aprenderá a dizer *Voy a + verbo e primero ... luego ... después ...* para falar sobre ações futuras

#languagehack: Turbine seu espanhol com esses cinco verbos auxiliares 88

Sua missão: Diga aonde pretende ir, como pretende chegar no local, qual local vai visitar e o que vai fazer.

UNIDADE 5: FALE SOBRE SUA FAMÍLIA E SEUS AMIGOS

CONVERSA 1: Quais são seus planos? 96

Você aprenderá a dizer *Paso tiempo con... La conozco de...* para descrever seus relacionamentos

CONVERSA 2: Com quem você mora? 104

Você aprenderá a dizer *Conozco... Tiene... Estamos juntos...* para falar sobre pessoas conhecidas

#languagehack: Aprenda padrões para decifrar verbos novos e suas formas 107

CONVERSA 3: Somos quatro 110

Você aprenderá a dizer *Somos Tenemos... Se llaman...* para descrever sua família

Sua Missão: Diga como você conheceu alguém, onde a pessoa mora e trabalha e o que gosta de fazer.

UNIDADE 6: COMA, BEBA E CONVERSE

CONVERSA 1: Vou querer... 120

Você aprenderá a dizer *Yo voy a tomar... ¿Puede ponerme...?* para fazer pedidos em restaurantes

CONVERSA 2: Na minha opinião... 128

Você aprenderá a dizer *Me gustaría... Claro que... Hay menos...* para explicar seu ponto de vista

CONVERSA 3: O que você recomenda? 135

Você aprenderá a dizer *Dime una cosa... ¿Puedes recomendarme...?* para pedir a opinião de alguém

#languagehack: Deixe sua conversa mais fluente usando conectivos 139

Sua Missão: Dê sua opinião, faça recomendações e diga seu prato e bebida favoritos.

UNIDADE 7: FALE SOBRE ONTEM... SEMANA PASSADA... MUITO TEMPO ATRÁS

CONVERSA 1: O que você fez semana passada? 146

Você aprenderá a dizer *Ayer visitamos... La semana pasada hablamos...* para descrever uma ação passada

CONVERSA 2: Alguns meses atrás 151

Você aprenderá a dizer *Mi pronunciación... un acento fuerte...* para falar sobre seu progresso no espanhol

CONVERSA 3: Aprendi espanhol na escola 156

Você aprenderá a dizer *He comenzado... He aprendido... ¿He dicho ...?* para descrever o passado

#languagehack: Viagem no tempo: três formas de usar o presente para falar no tempo passado 160

Sua Missão: Conte uma história sobre seu passado; diga o que pensou, onde foi e o que ganhou.

UNIDADE 8: JÁ FAZ UM TEMPO!

CONVERSA 1: Já faz um tempo! 166

Você aprenderá a dizer *¡Cuánto tiempo! ¿Qué tal todo? Veo que...* para conversar com alguém

CONVERSA 2: Sua rotina 172

Você aprenderá a dizer *A menudo... De vez en cuando... A veces...* para descrever suas atividades

CONVERSA 3: Saia à noite 176

Você aprenderá a dizer *Me encantaría... ¡Eso estaría genial! ¿Qué debo llevar?* para fazer planos

#languagehack: A técnica da reformulação para lidar com frases complicadas 182

Sua Missão: Diga como você passa seu tempo, como é seu dia e faça planos.

UNIDADE 9: DESCREVA!

CONVERSA 1: Descreva a cidade 188

Você aprenderá a dizer *Hace calor... Hace mucho sol...* para descrever seu contexto

CONVERSA 2: O que você compraria para alguém que... 193

Você aprenderá a dizer *Mi hermano es joven... Pensaría que...* para descrever pessoas conhecidas

CONVERSA 3: Parece com... 199

Você aprenderá a dizer *¿Estos están bien? Los verdes... mejores...* para indicar um item que tem em mente

#languagehack: Aproveite seus momentos secretos para fazer uma imersão contínua no espanhol 204

Sua Missão: Fale sobre algo que está próximo; descreva o visual de algo e algumas personalidades.

UNIDADE 10: SUA PRIMEIRA CONVERSA

#languagehack: Faça anotações para ligar o "piloto automático" na sua primeira conversa 212

Sua Missão: Converse diretamente com um falante nativo.

RESPOSTAS 223

AGRADECIMENTOS 237

UM RECADO DO BENNY

De fato, algumas pessoas passam anos estudando espanhol até conseguirem se comunicar usando o idioma.

Mas eu tenho uma ideia melhor. Vamos pular os anos de estudo e começar logo a falar o idioma.

Parece loucura, mas não é. Trata-se do método do language hacking.

O *#LanguageHacking* é um método completamente diferente de aprender idiomas.

Não se trata de mágica. Não é uma abordagem para "poucos". Consiste apenas em adotar uma postura inteligente em relação ao *modo* de aprender: focar o que for indispensável, pular o que for desnecessário e usar seus conhecimentos desde o início em conversas reais em espanhol.

Como hacker da linguagem, minha missão é descobrir atalhos no aprendizado de idiomas: truques e técnicas para decifrar o código da linguagem e facilitar e agilizar a aquisição de fluência. Ao aprender idiomas, meu objetivo é obter o melhor resultado possível.

Ninguém precisa aprender cada palavra e regra gramatical para começar a usar o idioma. Basta saber quais são as frases *mais versáteis* e *mais comuns* à maioria das situações e como "lidar" com o problema que surge quando não entendemos ou não sabemos dizer algo.

O *#LanguageHacking* não é apenas um curso, mas uma nova forma de pensar o estudo de idiomas. Neste livro, você vai aprender o idioma com base no que ele tem de mais essencial, sem nenhuma informação desnecessária. É possível estudá-lo por conta própria e combinar a leitura com outros livros para agilizar o aprendizado dos idiomas.

Então, mãos à obra. Nos vemos lá dentro.

Benny

Benny Lewis, Hacker da Linguagem

COMO USAR ESTE CURSO

A reclamação mais comum que ouço dos estudantes de idiomas é:

"Estudei espanhol durante vários anos na escola. Consigo entender algumas palavras que leio e ouço, mas não consigo falar."

O *#LanguageHacking* não é um curso tradicional. Como sua abordagem prioriza a *conversação*, você terá que desenvolver as habilidades necessárias para ter conversas relevantes e práticas em espanhol desde o início do aprendizado. No final do curso, você saberá como se apresentar, fazer perguntas e responder a questionamentos típicos em espanhol, bem como encontrar e manter contato com falantes do idioma no local em que vive. Além disso, possuirá habilidades e estratégias para diversos tipos de conversas, sempre em espanhol, e a confiança necessária para conduzi-las.

O *#LanguageHacking* pode ser estudado como único método ou em combinação com outro curso de idiomas, em formato impresso, online ou presencial. Agora, pegue seu caderno e vamos começar!

O QUE VOCÊ ENCONTRARÁ NO LIVRO

Este curso propõe o desafio de **falar o idioma desde o primeiro dia** e 10 missões para desenvolver suas habilidades de conversação em espanhol. Com esse intuito, gostaria de convidá-lo para integrar a comunidade language hacking, criada para dar suporte ao curso e oferecer um lugar seguro e divertido para a troca de ideias entre estudantes determinados e com objetivos semelhantes. Você pode realizar as missões por conta própria, mas seu progresso será mais rápido se praticar o idioma com outras pessoas. Por isso, recomendo que envie suas missões para a comunidade online #LanguageHacking para obter feedback (e minimissões secretas!)

FALE DESDE O 1º DIA

Ninguém aprende a tocar piano sem se sentar e colocar os dedos nas teclas. Ninguém joga tênis até pegar a raquete. E ninguém aprende um idioma sem falar. Ao falar desde o primeiro dia, você vai:

- Assimilar as expressões e palavras utilizadas por outras pessoas
- Identificar as expressões que ainda não conhece e deve aprender
- Saber como as outras pessoas se expressam

- Ouvir comentários de outras pessoas
- Melhorar sua pronúncia e fluência
- Superar o medo de se comunicar em um novo idioma
- Ganhar motivação ao perceber seu progresso.

DESENVOLVA SUAS HABILIDADES NO IDIOMA

Use conversas típicas para dominar o idioma

Cada unidade traz três **conversas** em espanhol que apresentam o idioma em contextos comuns, e cada conversa se baseia na anterior para desenvolver seu vocabulário e prepará-lo para a missão. Leia cada conversa como uma lição e confirme se compreendeu tudo antes de seguir para a próxima.

Exercícios da seção Desvende

Depois que você ler cada conversa e ouvir o áudio correspondente, vou ajudá-lo a **Desvendar**. O objetivo desses exercícios é prepará-lo para entender o espanhol sozinho, utilizando o contexto, reconhecendo padrões e aplicando outras estratégias de aprendizagem, sem precisar traduzir o texto. Ao compreender o idioma por conta própria, você vai internalizá-lo melhor e lembrar mais rápido quando necessário.

Exercícios da seção Observe

Depois de cada conversa, há uma **lista de frases** com as principais frases e expressões, o vocabulário da conversa e as respectivas traduções e pronúncias. O objetivo dos exercícios da seção **Observe** é estimulá-lo a pensar sobre o novo idioma, assimilar seu funcionamento e, assim, compreender o espanhol de modo mais intuitivo.

Exercícios da seção Pratique

Os exercícios da seção **Pratique** reforçam seus conhecimentos. Aqui você vai organizar as diferentes informações que aprendeu e criar novas frases em espanhol por conta própria.

Junte tudo

Nessa seção você deve **Juntar tudo** o que aprendeu e criar seu próprio repertório de frases em espanhol. Irei ajudá-lo a preparar seu "vocabulário pessoal", que você poderá usar em conversas práticas e verdadeiramente relevantes.

SUPORTE, TÉCNICAS E ESTRATÉGIAS

No language hacking, as conversas em espanhol não estão limitadas pela quantidade de palavras que sabemos.

#LanguageHacks

Você **vai conhecer atalhos pouco convencionais** que podem ampliar exponencialmente suas habilidades no idioma. São diferentes padrões, regras e ferramentas que irão ajudá-lo a **desvendar o código e agilizar sua fluência.** Os 10 hacks apresentam técnicas que podem ser usadas neste curso e ao longo de todo o seu aprendizado.

Com o tempo, você aprenderá a criar seus próprios atalhos para facilitar seus estudos. Compartilhe seus resultados comigo e outras pessoas. **Use a hashtag #languagehacking.**

Táticas de conversa

Aqui você vai aprender táticas de conversa essenciais, como o uso de **conectivos, expletivos e frases de sobrevivência** para puxar conversa e manter o diálogo.

Gramática e pronúncia

Vamos abordar os fundamentos da **gramática que você precisa saber**, mas ninguém será sobrecarregado com informações desnecessárias para a comunicação. Irei ajudá-lo com os pontos mais importantes da **pronúncia**, indicando as melhores técnicas para que você acerte todos os sons.

Você não precisa aprender a gramática inteira. Muitas vezes, basta **aprender o idioma em "blocos"**, como você aprendeu sua língua materna. Aprendemos a dizer "está aí" antes de sabermos o significado de cada palavra, e mesmo assim nos comunicávamos.

Notas secundárias

Ao longo do livro, haverá mais informações, como dicas culturais sobre pessoas e países de língua espanhola, orientações sobre como ser criativo com o vocabulário e formar novas frases e mini-hacks para incrementar o aprendizado.

Veja seu progresso

Você vai conferir seu progresso no curso a cada capítulo. Antes de terminar a unidade, irá **confirmar o que aprendeu** com o áudio de treino, que funciona como um "interlocutor virtual". Essa prática possibilita que você organize seus pensamentos e se expresse no seu próprio ritmo.

Mas antes da missão há uma **checklist de autoavaliação** para verificar seus conhecimentos e gerar um registro visual do progresso até esse ponto.

MISSÕES

Ao final de cada unidade, há **três tarefas** que representam sua missão final.

PASSO 1: Crie seu script

Para se preparar e praticar com outras pessoas, você criará scripts "pessoais" com frases que descrevam a sua vida. O objetivo desses scripts é direcionar o aprendizado para frases em espanhol que sejam úteis e verdadeiramente relevantes.

PASSO 2: Fale espanhol com outras pessoas... *online*.

Na minha experiência, falar desde o primeiro dia é o melhor modo de conquistar rapidamente a fluência. Onde quer que você more, irei ajudá-lo a implementar essa estratégia a partir das missões indicadas na comunidade language hacking.

Para obter feedback dos demais estudantes e trocar ideias, você deve gravar a si mesmo lendo em voz alta os scripts em espanhol e enviar essa gravação para a comunidade. Essa é a melhor prática à sua disposição, ficando atrás apenas das conversas pessoais com um falante nativo. Ao falar diante de outras pessoas, você ficará mais confiante para se expressar em espanhol no mundo real.

PASSO 3: Aprenda com outros estudantes

Ao compartilhar suas missões com outros estudantes, você se sentirá mais à vontade para se expressar em espanhol e, o mais importante, para cometer os erros típicos dos iniciantes na sua jornada até a fluência. Além disso, irá entender como as conversas fluem em espanhol e identificar as expressões que não estão nos seus scripts e que devem ser assimiladas para expandir suas habilidades de conversação.

Em outras palavras, você terá tudo de que precisa para começar a conversar de verdade em espanhol. Afinal, não é essa a intenção?

O QUE VOCÊ ENCONTRARÁ ONLINE

Acesse a comunidade #LanguageHacking em www.italki.com/languagehacking para:

- Enviar suas missões.
- Conferir uma lista atualizada dos melhores recursos gratuitos de aprendizado disponíveis online.
- Descobrir outros materiais de apoio para o seu aprendizado.
- Saber mais sobre o método Language Hacking e Benny Lewis

Acesse o site da Alta Books em www.altabooks.com.br para:

- Baixar o áudio do curso e ler as suas transcrições

CONTRATO DO HACKER DA LINGUAGEM

Vamos começar.

Neste curso você vai:

- **Conhecer atalhos (#languagehacks)** para aprender um novo idioma *rápidamente*
- **Aprender as palavas e** *las frases* necessárias para usar imediatamente em conversas de verdade
- **Ganhar confiança** para começar a falar *español* logo no primeiro dia
- **Ter acesso** a estudantes de idiomas com objetivos iguais aos seus

Essa é minha parte do acordo, e vou cumpri-la à risca.

Agora, confira as suas obrigações no contrato. Recomendo que o leia diariamente para memorizar e incorporar este texto à sua vida.

Falarei espanhol todos os dias, mesmo que seja só um pouco. Vai parecer estranho e desconfortável às vezes, mas tudo bem.

Aceitarei que, para falar com perfeição, é necessário primeiro cometer erros. Para superar meu medo, preciso enfrentá-lo. A única coisa que me impede de falar espanhol... é não falar espanhol.

Aceitarei meu Tarzan interior. Direi frases em espanhol do tipo: "Eu Benny. Mim autor. Eu irlandês." Farei isso porque ainda estou aprendendo e não devo me levar muito a sério. Vou me comunicar com eficiência, não com perfeição. Com o tempo, farei avanços expressivos.

Desenvolverei scripts "pessoais", minimonólogos sobre mim mesmo. Memorizarei esses scripts e recorrerei a eles sempre que necessário. Sempre irei me deparar com o fato de que sou capaz de lidar com as situações mais comuns envolvendo um novo idioma. Em pouco tempo, minha confiança aumentará de acordo com meu domínio sobre o novo idioma.

Falarei sempre que puder e serei um membro ativo da comunidade language hacking. Aprenderei oferecendo e recebendo feedback.

Desenvolverei minhas habilidades um pouco a cada dia.

Meu estudo será inteligente. Serei autossuficiente. Aprender espanhol fará parte de minha rotina. Serei fluente mais rápido do que poderia imaginar.

Eu sou um hacker da linguagem.

Assinatura: ______________________________ *Data:* ____________

GUIA DE PRONÚNCIA

Como o espanhol é um idioma fonético, todas as letras e combinações de letras seguem sempre a mesma regra de pronúncia.

Muitas letras são pronunciadas como se espera, mas aqui vai um breve resumo com algumas regras importantes. Ouça os exemplos de áudio para treinar sua pronúncia e compreensão!

CONSOANTES

00.01 Algumas consoantes em espanhol têm pronúncia semelhante às do português, mas aqui vão algumas exceções interessantes.

Letra	Pronúncia	Exemplos
b ou **v**	ambos são pronunciados como a letra b em português	Barcelona, Valencia
c (antes de "'e" ou "i") ou **z**	como em português (como em "cerca" e "circo")	cero, azul
c (antes de "a", ""o" ou "u")	como em português (como em "cano" e "corpo")	con, casa, como
g (antes de "e" ou "i") ou **j**	som de "r" (como em "rato"), mas mais fechado	general, Javier
g (antes de "a", "o" ou "u")	som de "g" (como em "gato")	agua, gol
h	mudo	hotel, he
ñ	som de "nh" (como em "banha")	España, baño
qu	som de "q" (como em "quilo")	qué, química
r	som de "r" (como em "arara")	artista, Irlanda, caro

VOGAIS

00.02 Ouça os sons das vogais em espanhol.

Letra	Pronúncia	Exemplos
a	como o "a" em português	casa, papá
e	como o "e" em português	me, bien
i	como o "i" em português	amiga, venir
o	como o "o" em português	nombre, poder
u	como o "u" em português	una, usted
u em que, qui, gue ou gui	mudo	aquí, querer, guía

1 FALE SOBRE VOCÊ

Sua missão

Imagine que acabou de chegar a um país em que se fala espanhol e, na sua vez de apresentar o passaporte, ouve algumas perguntas do agente da imigração.

Sua missão é convencer o agente a deixá-lo entrar no país. Respire fundo e diga *hola*. Em seguida, bata um papo simples por 30 segundos, todo em espanhol.

Diga o seu nome, o local de onde vem, o seu país de residência, o motivo da sua visita ao país e, principalmente, **por que está aprendendo espanhol.**

Esta missão serve de preparação para as perguntas inevitáveis que ocorrem em todas as conversas iniciais em espanhol.

Treine para a missão

- Aprenda frases básicas para falar sobre você com *soy...*
- Crie frases simples para falar sobre seus gostos e desejos, usando *quiero*, *me gusta*
- Crie uma tática de conversa: vire o jogo perguntando *¿y tú?*
- Aprenda nomes de países, nacionalidades, profissões e interesses
- Use os conectivos *porque*, *y*, *pero*.

CRIANDO SCRIPTS

Conversas iniciais em novos idiomas costumam ser previsíveis, o que é ótimo para iniciantes. Para ajudá-lo com as frases mais frequentes, vamos começar pela criação do seu primeiro "script". No início, iremos devagar, mas logo vamos aumentar o ritmo.

Quem já estudou espanhol vai reconhecer algumas das palavras mencionadas nesta unidade. Mas queremos ir além de decorar as expressões indicadas nas unidades: queremos criar scripts. Quando se domina um script, é possível adaptá-lo às necessidades de cada um. Assim, aprender e utilizar o idioma desde o início fica bem mais descomplicado.

#LANGUAGAGEHACK
Aproveite as palavras que já sabe

CONVERSA 1

As primeiras palavras de qualquer conversa

DICA CULTURAL:
na cafetería
Nos países hispânicos, a **cafetería** é um lugar para se reunir com os amigos, conhecer pessoas e sentar para ler um livro.

Vamos acompanhar a história de Sarah, uma artista que estuda espanhol e acaba de chegar a Madri para pintar os prédios que admira e apreciar pessoalmente os quadros de Velázquez. Ela pretende passar o verão imersa no idioma e resolve assistir a uma aula na *cafetería* local. Hoje, ela deve encontrar Pablo, o professor, pela primeira vez.

01.01 O diálogo abaixo é uma apresentação típica. Prepare-se para repeti-lo várias vezes. Ouça como Sarah pergunta *¿Y tú?*

O primeiro passo para o iniciante é **criar um diálogo de apresentação.** Após o cumprimento inicial, a conversa em geral aborda a sua profissão e onde você mora.

Sarah: Hola. Soy Sarah. ¿Y tú?
Pablo: ¡Hola! Soy Pablo. **¿Qué tal?**
Sarah: Bien, gracias. ¿Y tú?
Pablo: ¡Muy bien! Así que, ¡háblame de ti!
Sarah: Bueno, **soy de los Estados Unidos ...**
Pero vivo aquí, en Madrid. Y soy artista. **¿Y tú?**
Pablo: Soy de España, ¡por supuesto! Y soy profesor.

TÁTICA DE APRENDIZADO:
deduza o significado pelo contexto
Para compreender o sentido de uma palavra isolada, combine as pistas das palavras ao redor com o que você já sabe e deduza o seu significado. Aproveitar o **contexto** é uma estratégia essencial para aprender um idioma.

Ao ver e ouvir palavras em espanhol pela primeira vez, a impressão é de que parecem sons aleatórios. Mas basta se condicionar a ver e a ouvir com maior atenção para perceber que o *contexto* da conversa e a relação das palavras com o português revelam muitas informações. O segredo está em captar a dinâmica do idioma.

Pense na conversa que acabou de ouvir! Observe as diferenças entre as estruturas das frases em espanhol e português. Uma análise ativa da forma específica em que se ordenam palavras e frases em espanhol vai acelerar o seu aprendizado.

DESVENDE

1 Na sua opinião, o que significa *soy*? ______

2 Observe as duas frases utilizadas como cumprimentos na conversa. Na sua opinião, o que significam? Escreva-as em espanhol.

______ ______

3 Que frase Sarah usa para devolver a pergunta para Pablo?

4 Encontre a palavra em espanhol que responda cada pergunta.

Exemplo: Pablo vem de que país? España

a Qual é a profissão de Sarah? ______

b Qual é a nacionalidade dela? ______

c Onde Sarah mora? ______

Pelo **contexto**, é possível descobrir a resposta a todas essas perguntas mesmo sem saber nenhuma palavra em espanhol. Muito legal, hein?

TÁTICA DE COVERSA:
¿y tú?
Quando não se sentir à vontade para falar no início, recomendo devolver a pergunta ao interlocutor e ouvi-lo falar. Em espanhol, um modo fácil de fazer isso é com um simples ***¿y tú?***

OBSERVE

01.02 Ouça o áudio e observe o quadro.

Expressões essenciais da Conversa 1

Espanhol	Significado
hola, soy ...	olá, eu sou ...
¿y tú?	e você?
¿qué tal?	como vai?
bien, gracias.	bem, obrigada.
¡muy bien!	muito bem!
así que ... ¡háblame de ti!	então ... me fale sobre você!
soy de ... ... los Estados Unidos. ... España.	sou... ... dos Estados Unidos. ... da Espanha.
vivo aquí, en Madrid.	moro aqui, em Madrid.
soy ... ... artista. ... profesor.	Sou ... ... artista. ... professor.
por supuesto	claro

HACKEANDO:
"blocos" de palavras
Aprenda frases em bloco em vez de tentar entender cada parte de cada palavra. ***Así que*** é um ótimo exemplo. Deixe de lado o significado de cada palavra por enquanto e concentre-se na expressão como um todo. Nesse caso, a frase significa "Assim..."

1 Como se diz "muito" em espanhol? ______________________

2 Como em português, a frase em espanhol correspondente a "sou artista" permite a omissão de uma palavra. Qual?

____

3 Complete a frase em espanhol correspondente a "fale sobre você!":
______________________ *de ti!*

4 Traduza as frases a seguir para o espanhol:
- **a** Eu sou ______________________
- **b** Moro em ... ______________________
- **c** E você? ______________________
- **d** Eu sou da Espanha. ______________________

PRONÚNCIA: *y, i* e *u*

O *u* em espanhol é sempre pronunciado como o "u" em português. Então, *tú* tem o mesmo som que "tu".

Em espanhol, o *i* tem o mesmo som que no português, e a mesma pronúncia ocorre quando o *y* aparece sozinho. Então *¿y tú?* (e você?) se pronuncia "i tu".

PRONÚNCIA:
um idioma fonético
Sim, sempre! Embora o português apresente algumas inconsistências entre grafia e pronúncia, quase todas as letras em espanhol têm um som específico padrão.

PRATIQUE

Mesmo que conheça um pouco do idioma, pratique a pronúncia das palavras em voz alta para exercitar a memória muscular e desenvolver um sotaque espanhol desde já.

FALANDO:
arrisque-se!
Sempre ouço de alunos de espanhol: "Benny, estudo o idioma há anos, mas ainda não consigo falar!" Isso ocorre porque estão o tempo todo lendo, ouvindo ou estudando espanhol, mas não falam. Faça o que quiser, mas não estude espanhol em silêncio. É preciso usar o idioma, mesmo que soe esquisito ou idiota e o sotaque saia horrível no início. Ele só vai melhorar com a prática!

01.03 Confira aqui novas palavras que ajudarão a criar o script do idioma. Ouça o áudio e observe o quadro.

Países	Nacionalidades	Profissões	Interesses
Estados Unidos	estadounidense	dentista	yoga
Inglaterra	inglés/inglesa	médico/a	el jogging
Canadá	canadiense	artista	fotografía
Italia	italiano/a	pilota	música
		recepcionista	tenis
Australia	australiano/a	programador/a	televisión
Rusia	ruso/a	fotógrafo/a	piano
España	español/a	arquitecto/a	cine
México	mexicano/a	bloguero	idiomas
Irlanda	irlandés		

Observe que, às vezes, a grafia das palavras difere quando se descreve um homem ou uma mulher. As palavras masculinas terminam em **o** e as femininas em **a**.

Ao se deparar com uma nova lista de palavras, **não tente memorizar todas**. Concentre-se naquelas que pretende usar em conversas. Quando estiver lendo a lista, fique à vontade para **riscar palavras** que não vai utilizar no futuro.

Caso ainda não tenha, compre um bom dicionário de espanhol para desenvolver o seu "vocabulário pessoal". À medida que avançarmos, procure palavras com aplicação prática para tornar o script mais útil. Vamos começar.

1 Insira três novas palavras em cada categoria. Procure palavras que tenham a ver com você ou pessoas próximas a você.

2 Agora, responda as perguntas a seguir. Como se diz em espanhol:

Exemplo: O seu nome? Soy ____________________

a De onde vem? ____________________

b A sua profissão? ____________________

c A cidade onde mora? ____________________

Cubra as frases traduzidas na lista e tente lembrar o significado das expressões em espanhol.

JUNTE TUDO

Agora, vamos continuar criando seu script. A partir da conversa e do seu "vocabulário pessoal", crie quatro frases em espanhol com informações sobre você.

- Seu nome
- De onde você é
- Onde você mora
- Qual é sua profissão

Há diversas formas de praticar espanhol online e na sua comunidade. Confira algumas sugestões na seção **Recursos**. Lá, também recomendamos bons apps e dicionários, gratuitos e impressos.

Ao longo do livro, irei ajudá-lo a criar o script. Prepare-se para utilizá-lo várias vezes nas primeiras conversas em espanhol com pessoas reais.

CONVERSA 2

Descreva seus interesses

Nas primeiras conversas, geralmente há perguntas como: "Então, o que você gosta de fazer?". No diálogo a seguir, Pablo e Sarah conversam sobre seus interesses.

Graças aos **cognatos** (palavras parecidas em português e espanhol, como *arte*, *familia* e *televisión*), grande parte da língua espanhola pode soar familiar. Muitas palavras em espanhol têm pronúncia e significado quase iguais em português. Às vezes, seu sentido é diferente, mas a maioria dos cognatos facilita o aprendizado do espanhol.

01.04 Procure palavras com sons conhecidos para tentar compreender a essência do que está sendo dito.

Pablo: Bueno, **¿qué te gusta?**

Sarah: Me gusta la pizza, pero no me gusta la pasta. Me gusta la música clásica. Me encanta el chocolate. Pablo, ¿qué te gusta?

Pablo: Me gusta visitar museos y me encanta el fútbol.

DESVENDE

1 Qual frase Pablo usa para perguntar a Sarah sobre os seus gostos?
____

2 Identifique, pelo contexto, o significado das palavras a seguir:

a *pero* ______________ b *encanta* ______________

3 Do que Sarah *não* gosta? Destaque a frase que ela usa para dizer do que não gosta e a escreva aqui.______________________

4 Do que os interlocutores gostam? Destaque as duas frases que utilizam para descrever as coisas de que gostam.

5 Observe as palavras que soam familiares. Encontre as palavras em espanhol correspondentes a:

a música ______________ c museus ______________

b clássico ______________ d futebol ______________

Na forma escrita do espanhol, os pontos de interrogação e exclamação vêm no início e no fim das frases em posições invertidas. ***¿Sabes? ¡Sí!***

OBSERVE

01.05 Ouça o áudio e observe o quadro.

Expressões essenciais da Conversa 2

Espanhol	Significado
bueno ... ¿qué te gusta?	então ... de que você gosta? (o que lhe agrada?)
me gusta ...	Eu gosto ... (a mim agrada)
pero ...	mas ...
no me gusta ...	Eu não gosto ...
me encanta ...	Eu amo ... (a mim encanta)
visitar	visitar

DICA DE GRAMÁTICA: *me gusta/me encanta*
me gusta não significa literalmente "eu gosto". A expressão está mais próxima de "isso me agrada". Pense em *me gusta* como algo próximo de "eu gosto" e *me encanta* (isso me encanta) como algo próximo de "eu adoro".

1 Qual é a diferença entre a grafia das frases "eu gosto" e "eu amo" em espanhol e português? ______________________

2 Observe como se diz "eu não gosto" em espanhol. Com base nesse modelo, como se diz "eu não amo"? ______________________

PRATIQUE

Volte e cubra as traduções nas listas das Conversas 1 e 2 e tente lembrar o significado das expressões em espanhol.

#LANGUAGEHACK:
Aproveite as palavras que já sabe

Há muitos cognatos nesta unidade. Confira algumas dicas simples sobre como usá-los para construir rapidamente o seu vocabulário. Diga o significado em português dos cognatos em espanhol a seguir.

pizza	televisión	actor
cultura	moderno	diferente
activo	artista	opción

Por serem línguas românicas, existem muitas palavras parecidas em espanhol e português. Às vezes, a grafia dessas palavras é igual nos dois idiomas. Em outras, há pequenas diferenças.

Felizmente, podemos observar padrões simples que permitem a identificação de (quase) cognatos em espanhol. Nesses casos, utilize uma palavra parecida com outra que conhece em português. É fácil identificar cognatos relacionados a…

Profissões, conceitos, vocabulário técnico e científico	*piloto, trigonometría, cohesión, organismo*
Palavras em português terminadas em -ção	*admiración, asociación, instrucción, opción, loción*
Qualquer substantivo terminado em -tude, -or, -ista, -ncia, -ade em português	*altitud, actor, optimista, arrogancia, universidad* (com pequenas mudanças na grafia)

Dica de entendedor: Palavras formais em português tendem a ser parecidas em espanhol. Por exemplo, caso não saiba dizer "país" em espanhol, diga *nação.* Trata-se de uma palavra um pouco mais formal que tem uma terminação parecida com a palavra em espanhol (*nación*). Utilize esse cognato para se fazer entender sem ter que aprender uma nova palavra!

SUA VEZ: Use o hack

Para melhor assimilar o #languagehack, coloque em prática seus conhecimentos. Aplique essa técnica imediatamente.

1 🔊 **01.06** Pratique a pronúncia dos cognatos em espanhol. Observe como o som é diferente da versão em português e repita cada palavra imitando a pronúncia.

animal	*tradición*	*novela*
historia	*restaurante*	*diccionario*

2 Volte às Conversas 1 e 2 e identifique cinco cognatos. Em seguida, escreva-os no quadro a seguir.

Cognato em espanhol	Significado em português
artista	artista

3 Na sua opinião, que palavras em português são cognatos em espanhol? *Pense* em quatro novos cognatos com as regras que acabou de aprender. Depois, verifique as respostas no dicionário e escreva os novos cognatos no quadro!

Exemplo: democracia → democracia

DICA DE GRAMÁTICA: *Entendendo a terminologia*
Neste livro, evitei usar termos muito técnicos, mas há alguns que vale a pena saber. Por exemplo, *substantivos* (pessoas, lugares e coisas, como *pasta, estudiante, dentista, España*) e *verbos* (palavras de ação como *soy, vivo, gusta*). Esses são os elementos básicos de todas as frases.

EXPLICAÇÃO GRAMATICAL: *me gusta* ... verbo + substantivo

A estrutura sintática empregada nessa conversa consiste em verbo + substantivo. Ou seja, as palavras que indicam ação (verbos) são complementadas por pessoas, lugares ou coisas (substantivos), como ocorre em português.

A partir dessa estrutura sintática, será muito mais fácil aprender e utilizar o idioma. Basta optar por um verbo e complementá-lo com o objeto de que trata a conversa. Por exemplo, a frase *Quiero un café* quer dizer "Quero um café".

Exemplo:

***quiero** un café.* — verbo + subst

***me encanta** la música.* — verbo + subst

***no me gusta** la pasta.* — verbo + subst

Você gosta, não gosta ou adora alguma coisa? Complete as frases a seguir com os substantivos do quadro e expresse as suas preferências!

la pizza	la pasta	el café	Madrid	la televisión

a *me encanta* ____________________

b *no me gusta* ____________________

c *me gusta* ____________________

Em espanhol, às vezes utilizamos **el** ou **la** antes de um substantivo. Discutiremos as diferenças entre essas formas mais adiante.

JUNTE TUDO

Agora, utilize as novas formas que aprendeu para falar sobre o que gosta e não gosta.

Utilize as estruturas sintáticas que acabou de aprender para descrever informações sobre a sua vida:

- Use o dicionário para procurar novas palavras que descrevam seu cotidiano.
- Combine verbos com lugares e coisas (substantivos).
- Crie três frases sobre algo que gosta e duas sobre algo que não gosta.

Leia o script diversas vezes até se sentir à vontade para falar. Tente memorizá-lo também!

CONVERSA 3

Por que está aprendendo espanhol?

É quase certo ouvir essa pergunta na primeira conversa em espanhol!

No início, sempre se ouve a seguinte pergunta: "Por que você está aprendendo espanhol?". Portanto, vamos preparar a sua resposta.

01.07 Pablo quer saber por que Sarah está aprendendo espanhol. Observe como Sarah formula a resposta. Como ela diz "porque"?

DICA CULTURAL:
usando o informal tú
No espanhol, há dois modos de se dirigir a uma pessoa: informal, com *tú* (seguido por verbos terminados em *s*, como *aprendes*), e formal, com *usted*. Neste livro, vamos utilizar o modo informal na maioria das vezes, pois essa é a forma mais recorrente em papos típicos com pessoas da sua idade.

Pablo: Así que, ¿por qué **aprendes** español?

Sarah: Bueno, aprendo español porque ... quiero hablar un idioma precioso ... y quiero entender la cultura española.

Quiero vivir y trabajar en España, ¡y creo que la música española es muy interesante!

Pablo: ¿Te gusta la música clásica o la música moderna?

DESVENDE

1 Quais palavras os interlocutores usam para perguntar (por quê?) e responder (porque)? Destaque e escreva as expressões nas linhas a seguir.

por quê? ______________________ porque ______________________

2 Na sua opinião, qual é o significado das expressões a seguir?

a *la cultura española* ______________________

b *la música clásica o la música pop* ______________________

3 Identifique dois cognatos mencionados no diálogo. Em seguida, volte e adicione-os ao quadro.

4 Qual é a diferença entre *aprendo* e *aprendes*?

____

OBSERVE

01.08 Ouça o áudio e observe o quadro.

Expressões essenciais da Conversa 3

Espanhol	Significado
¿por qué aprendes español?	por que você está aprendendo espanhol?
aprendo ... porque ...	estou aprendendo... (Eu aprendo) porque ...
quiero hablar un idioma precioso	Quero falar um idioma maravilhoso
entender la cultura española	entender a cultura espanhola
vivir y trabajar en España	morar e trabalhar na Espanha
creo que ...	Acho que...
la música española es muy interesante	a música espanhola é muito interessante

VOCABULÁRIO: *por quê? porque!*
As palavras "por quê" e "porque" são praticamente idênticas: ***por qué*** (por quê) e ***porque*** (porque). São escritas e pronunciadas de maneira muito semelhante. É um negócio da China em matéria de vocabulário: duas pelo preço de uma!

TÁTICA DE CONVERSA: Incremente suas frases com conectivos

Mesmo que não soem muito naturais, frases curtas dão conta do recado para os iniciantes em espanhol.

Contudo, é possível articular frases adicionando *conectivos* como "e" e "mas" para ligar pensamentos de forma mais natural:

> "Quero aprender espanhol *porque* desejo estudar um belo idioma *e* entender a cultura espanhola..."

1 Quais palavras em espanhol correspondem aos conectivos em português a seguir?

a e ______________

b porque ______________

c mas ______________

d ou ______________

2 A palavra espanhola "es" é muito parecida com a forma verbal correspondente em português. Utilize-a para formar as frases a seguir em espanhol:

a A Espanha é interessante. ______ ______ ______ ______.

b A cultura é diferente aqui. ______ ______ ______ *diferente* ______.

3 Escreva as frases abaixo em espanhol e observe como as palavras são formadas de maneira semelhante:

a Eu estou aprendendo __________

b Eu quero __________

c Eu acho __________

d Eu moro __________

4 Com base nesse modelo, na sua opinião, a quem se referem os verbos terminados em *o* (*vivo*) e *oy* (*soy*)? (Dica: quem é o sujeito?)

____

5 Quais são os quatro verbos que complementam a expressão *quiero*? Destaque-os.

O termo "**infinitivo**" corresponde à forma em que o verbo é encontrado no dicionário (hablar significa "falar"). Em espanhol, ele sempre termina em **-ar**, **-er** ou **-ir**.

EXPLICAÇÃO GRAMATICAL: "QUERO ... combinando dois verbos

A Conversa 3 introduziu uma nova estrutura sintática que combina duas formas verbais em espanhol: "verbo na primeira pessoa" + "verbo no infinitivo".

Observe como as duas frases abaixo utilizam essa combinação de formas verbais. Aprendê-la vai ajudá-lo a evitar frases mais complicadas.

Quiero + **verbo** (no infinitivo)
"Quero" + **(fazer algo)**

Me gusta + **verbo** (no infinitivo)
"Gosto de" + **(fazer algo)**

Exemplos:

quiero ***hablar*** (Quero **falar**)
me gusta visitar (Gosto **de fazer visitas**)

Há infinitas combinações como essas à sua disposição.

01.09 Ouça o áudio e observe o quadro. Preste muita atenção à pronúncia das palavras e, especialmente, às terminações.

Verbos comuns

infinitivo	significado	1ª pessoa	significado
querer	querer	quiero	eu quero
esperar	esperar	espero	eu espero
odiar	odiar	odio	eu odeio
vivir	morar	vivo	eu moro
pensar	pensar	pienso	eu penso
hablar	falar	hablo	eu falo
aprender	aprender	aprendo	eu aprendo
estudiar	estudar	estudio	eu estudo
viajar	viajar	viajo	eu viajo
visitar	visitar	visito	eu visito
entender	entender	entiendo	eu entendo
ayudar	ajudar	ayudo	eu ajudo

DICA DE GRAMÁTICA:
gustar e encantar
Os verbos *gustar* e *encantar* não estão no quadro porque foram utilizados na terceira pessoa do singular (por isso, *me gusta* e *te encanta* terminam em *-a* e não em *-o*).

PRATIQUE

1 Traduza as frases a seguir para o espanhol.

a Eu amo falar espanhol. ____________________

b Eu detesto visitar museus. ____________________

c Eu gosto de aprender idiomas. ____________________

d Eu quero visitar a Espanha. ____________________

2 Pratique as duas estruturas sintáticas que aprendeu e utilize os conectivos *y*, *pero*, *o* e *porque*. Preencha os espaços em branco.

a Indique dois dos seus pratos preferidos (verbo + substantivo).

Me gusta ______________ *y me gusta* ______________.

Sempre que aprender novas frases, utilize seu **"vocabulário pessoal"** para assimilá-las.

Lembre-se: em espanhol, utilizamos el / la antes dos substantivos, mas não se preocupe com o emprego correto dessas partículas por enquanto. Quando não tiver certeza, **diga el**. As chances de acertar são de 50%!

b Indique uma coisa de que gosta e outra de que não gosta (verbo + substantivo).

Me gusta ________________, ________________ *no me gusta* ________________.

c Indique uma coisa de que gosta e outra de que não gosta (verbo + verbo).

Me gusta ________________, ________________ *no me gusta* ________________.

d Explique por que gosta de algo.

Me gusta ________________ ...

JUNTE TUDO

Agora é a sua vez de praticar essa estrutura!

Quando visitar um país hispânico, lembre-se de dizer o motivo da visita e o que gosta no país!

1 Crie quatro frases em espanhol que combinem "verbo na primeira pessoa" + "verbo no infinitivo" para expressar as suas preferências. Pesquise novas palavras no dicionário.

Exemplo: Espero entender español. (Pretendo compreender o espanhol.)

Quiero aprender español porque ...

____

____

____

____

____

____

____

____

____

FINALIZANDO A UNIDADE 1

Confira o que aprendeu

01.10 Releia as conversas e, quando se sentir confiante:

- Ouça o áudio de treino com perguntas em espanhol
- Pause ou repita o áudio sempre que precisar para entender as perguntas
- Repita as frases do áudio até a pronúncia soar natural
- Responda as perguntas em espanhol (utilize frases completas).

TÁTICA DE APRENDIZADO:
escuta ativa
Preste muita atenção aos áudios dos exercícios. Um erro comum consiste em ouvir uma gravação em segundo plano esperando que ela de alguma forma entre na cabeça. Na verdade, há uma grande diferença entre ouvir e escutar um idioma. É preciso estar 100% concentrado no áudio durante a reprodução!

Mostre o que sabe...

Confira o que acabou de aprender. Escreva ou fale um exemplo em espanhol para cada item da lista e marque os que sabe.

- [x] Apresente-se: ¡Soy Benny!
- [ ] Diga de onde você é.
- [ ] Cite três cognatos em comum no espanhol e no português.
- [ ] Pergunte: "Por que você está aprendendo espanhol?"
- [ ] Indique o motivo de estar aprendendo espanhol: "Porque..."
- [ ] Cite três conectivos em espanhol correspondentes a "e", "então" e "bem".
- [ ] Indique a frase utilizada para devolver uma pergunta a alguém.
- [ ] Descreva seus interesses usando diferentes estruturas sintáticas.
  - [ ] Eu gosto...
  - [ ] Eu quero...

COMPLETE SUA MISSÃO

É hora de completar sua missão: convença o agente do aeroporto a deixá-lo passar para começar a sua aventura com a língua espanhola! Para isso, prepare as respostas para as perguntas que provavelmente serão feitas.

Como cada unidade desenvolve a anterior, podemos revisar enquanto avançamos.

PASSO 1: Crie seu script

Comece seu script com as frases que aprendeu nesta unidade, combinadas com o vocabulário "pessoal", para responder perguntas comuns sobre a sua vida.

- Diga seu nome e profissão usando *soy*
- Diga de onde você é e onde mora usando *soy* e *vivo*
- Diga por que está aprendendo espanhol usando *porque*...
- Diga por que está visitando a Espanha usando *porque/ me gusta / me encanta*
- Use conectivos para obter mais fluência!

Depois de escrever o script, repita as frases até se sentir confiante.

PASSO 2: Os verdadeiros hackers do idioma falam desde o primeiro dia... *online*

Quando estiver à vontade com o script, conclua a missão. Compartilhe na comunidade uma gravação de áudio da sua voz lendo o script. Acesse o site, procure pela missão da Unidade 1 e dê o seu melhor.

PASSO 3: Aprenda com outros estudantes

Quer conferir outras apresentações? Depois de enviar a sua gravação, ouça o que os outros membros da comunidade dizem sobre si mesmos. Na sua opinião, eles devem entrar no país? **Faça uma pergunta complementar em espanhol para pelo menos três pessoas.**

PASSO 4: Avalie o que aprendeu

Achou alguma coisa fácil ou difícil nesta unidade? Aprendeu novas palavras ou frases na comunidade? A cada script e conversa, surgem muitas novas ideias para preencher as "lacunas" dos scripts. Sempre anote tudo!

Encontre **mais missões** para hackear o espanhol em profundidade! Acesse o site da comunidade #LanguageHacking

EI, HACKER DO IDIOMA, VOCÊ VAI LONGE!

Mal começou a hackear o idioma e já aprendeu muito. Logo nos primeiros passos, passou a interagir com outras pessoas em espanhol. Outros alunos só fazem isso depois de anos de estudo. Então, pode se sentir muito orgulhoso da sua proeza.

¡Muy bien!

2 PUXE CONVERSA

Sua missão

Imagine que você saiu com seus amigos para sua primeira *fiesta* e pretende se ambientar sem falar português.

Sua missão é passar a impressão de que fala espanhol muito bem por, pelo menos, 30 segundos.

Prepare-se para puxar conversa e falar sobre **há quanto tempo mora** em seu endereço atual, **o que gosta de fazer** e **os idiomas que fala** ou quer aprender. Depois desses 30 segundos, diga há quanto tempo está aprendendo espanhol e marque alguns pontos! Para não levantar suspeitas, incentive a outra pessoa a falar com perguntas informais que demonstrem seu interesse.

O objetivo desta missão é deixá-lo mais confiante para conversar com outras pessoas.

Treine para a missão

- Use as expressões *desde*, *desde cuándo* nas suas perguntas e respostas
- Pergunte e responda usando *tú*
- Expresse opiniões com *creo que*, *prefiero*
- Formule frases negativas com *no*
- Desenvolva uma tática de conversa usando os expletivos *bueno*, *pues* e *entonces* para manter a conversa fluindo
- Pronuncie novos sons do espanhol (o *r* e o *ñ*).

APRENDENDO A FAZER PERGUNTAS NO IDIOMA

Vamos criar uma técnica simples (porém eficiente!) de devolver uma pergunta com *¿y tú?* e aprender a fazer perguntas mais específicas usando várias frases novas.

#LANGUAGEHACK
Aprender vocabulário com associações é muito mais rápido

CONVERSA 1

Em qualquer lugar do mundo, sempre é possível encontrar estudantes de espanhol dispostos a conversar no idioma, além de falantes nativos que podem ajudar no seu aprendizado. Veja na seção **Recursos** como achar outros estudantes e falantes.

Palavras essenciais para fazer perguntas

Na semana que passou em Madri, Sarah conheceu o *madrileño* Felipe em um encontro de estudantes de idiomas perto de sua casa.

02.01 Após as apresentações iniciais, o assunto se voltou para o estudo de idiomas. Observe as diferentes fórmulas que Felipe usa para as perguntas e Sarah, para as respostas.

Felipe: Bueno, Sarah, ¿te gusta vivir aquí en Madrid?
Sarah: ¡Sí, por supuesto! Me encanta.
Aprendo mucho español.
Felipe: ¡Qué bien! **¿Hablas** otros idiomas?
Sarah: No, solo hablo inglés y un poco de español. ¿Y tú?
Felipe: ¡Sí! Hablo bien portugués y hablo un poco de ruso.
Sarah: ¿De verdad?
Felipe: ¡Sí, de verdad!
Sarah: Entonces, ¿no hablas inglés?
Felipe: Aún no ... pero espero practicar un poco de inglés aquí hoy.

TÁTICA DE CONVERSA: ***Antecipe as perguntas mais comuns***
Um assunto típico nas primeiras conversas em espanhol é o estudo de idiomas. Ou seja, se você for um iniciante, as pessoas perguntarão se fala outros idiomas. Prepare sua resposta!

PRONÚNCIA: *o h mudo*
O *h* em espanhol sempre é mudo, como em "hora" e "honesto" em português. Essa provavelmente é a pronúncia mais fácil de aprender!

DESVENDE

1 Com base no contexto, deduza a ideia geral da conversa e responda as perguntas a seguir.

a Quantos idiomas Sarah fala? ______________

b Sarah gosta de morar em Madri? *sí/no* (destaque uma)

c Felipe fala inglês? *sí/no*

2 Com base na conversa, as afirmativas a seguir são verdadeiras (*verdadero*) ou falsas (*falso*)?

a Sarah não está estudando espanhol. *verdadero/falso*

b Felipe fala português. *verdadero/falso*

c Sarah fala russo. *verdadero/falso*

3 Como se diz "sim, é verdade" em espanhol? ____________________

4 Como fazer uma pergunta negativa em espanhol? Que palavra diferencia "você fala?" de "você não fala"'? __________

5 Escreva a seguir "você não quer?" e "você não mora?" em espanhol.

a *quieres* (você quer) ⟶ ______________________________

b *vives* (você mora) ⟶ ______________________________

OBSERVE

02.02 Ouça o áudio e observe o quadro.

Expressões essenciais da Conversa 1

Espanhol	Significado
¿te gusta vivir aquí?	você gosta de morar aqui?
aprendo mucho español	estou aprendendo muito espanhol
¡qué bien!	que legal! (que bom!)
¿hablas otros idiomas?	você fala outros idiomas?
no, solo hablo inglés	eu só falo inglês (só eu falo inglês)
hablo ...	eu falo...
... un poco de español	...um pouco de espanhol
... bien portugués	... bem português
¿de verdad?	mesmo?
entonces	então
¿no hablas inglés?	você não fala inglês?
aún no	ainda não
espero practicar	quero praticar
aquí hoy	aqui hoje

VOCAB: *no* significa *"não"!*

1 Quais são as duas frases que Felipe usa para descrever suas habilidades em russo e português? Destaque-as na lista de frases e escreva a seguir.

______________ ______________

2 Compare *Solo hablo inglés* com "Eu só falo inglês". Onde aparece a palavra *solo*? Use a mesma ordem de palavras para escrever as frases a seguir em espanhol:

a Eu só quero falar espanhol. ______________

b Eu só gosto de espanhol. ______________

TÁTICA DE CONVERSA: Expletivos

De vez em quando, você verá alguns "expletivos" nas frases em espanhol. Embora não acrescentem nenhum significado, você pode usá-los enquanto organiza seus pensamentos da mesma forma como dizemos "bem...", "então...", "sabe..." em português.

Você ouvirá palavras como ***bueno*** (bom), ***pues*** (bem), ***a ver*** (vamos ver) e **entonces** (então) naturalmente nas conversas em espanhol. Quando tiver que pensar um pouco, use expletivos para que o diálogo soe mais natural!

PRONÚNCIA: Perguntas e respostas

Aprenda a formular perguntas e respostas ao mesmo tempo. Em espanhol, a *entonação* diferencia uma pergunta de uma afirmação. Como no português, a força da entonação deve aumentar nas perguntas e diminuir nas respostas.

¿De verdad? ↗ *De verdad.* ↘ *¿Y tú?* ↗ *Bien.* ↘

Você vai ouvir os verbos *vivir* e *hablar* de forma diferente neste áudio. Por enquanto, preste atenção na **entonação**.

1 🔊 **02.03** Ouça o áudio e confira a entonação para determinar se a frase é uma pergunta ou uma afirmação. Marque a opção correta.

a *¿En Madrid?* *En Madrid.* b *¿Aquí?* *Aquí.*

Determine se as outras frases são *preguntas* ("perguntas") ou *respuestas* ("respostas").

c *pregunta/respuesta*
d *pregunta/respuesta*
e *pregunta/respuesta*
f *pregunta/respuesta*
g *pregunta/respuesta*
h *pregunta/respuesta*

EXPLICAÇÃO GRAMATICAL: Respondendo perguntas do tipo sim/não

Fazer e responder perguntas do tipo sim/não em espanhol é muito fácil. Para responder uma pergunta de forma positiva (p. ex., "Sim, eu quero..." e "Sim, eu sou..."), você só precisa de uma palavra: *Sí.*

¿Hablas español?	"Você fala espanhol?"
*Sí, **hablo** español.*	"Sim, eu falo."/Sim, eu falo espanhol."

Há um método fácil para memorizar essa palavra. Para dizer **"hablo"** (falo), lembro do meu amigo **Pablo**. (Outros truques de memorização mais adiante).

Para elaborar uma frase negativa, você só precisa pôr um *no* antes do verbo:

***No hablo** español.*	"Eu não falo espanhol."

Você também pode dizer:

***No, no hablo** español.*	"Não, não falo."/"Não, eu não falo espanhol."

1 Pratique esses tipos de perguntas e respostas. Use as palavras do quadro para responder as perguntas a seguir de forma afirmativa e negativa.

como (eu como) *trabajo* (eu trabalho) *quiero* (eu quero)

a *¿Comes pescado?* (Você come peixe?)

Sí, ______________ No, ______________

b *¿Trabajas en el hospital?* (Você trabalha no hospital?)

Sí ______________ No ______________

c *¿Quieres venir a la fiesta?* (Você quer vir à festa?)

Sí ______________ No ______________

PRATIQUE

1 Escreva perguntas a partir das frases a seguir e as repita em voz alta.

a *Vives en Madrid.* ______________

b *Hablas portugués.* ______________

c *Aprendo español.* ______________

2 **Agora responda as perguntas a seguir de forma negativa e diga suas respostas em voz alta.**

a *¿Te gusta la pasta?* ____________________

b *¿Prefieres la música pop?* ____________________

c *¿Hablas ruso?* ____________________

3 **Preencha as lacunas a seguir com as respectivas palavras em espanhol.**

a Eu só falo inglês. ________ *hablo inglés.*

b Estou aprendendo um pouco de russo.
________ ________ ________ ________ *ruso.*

c Eu quero falar muito espanhol, é claro!
Quiero hablar ________ *español, ¡* ________ ________*!*

d Mesmo! Eu não falo português!
¡ ________ ________*! ¡* ________ *hablo* ________*!*

e Hoje, eu estou estudando espanhol! ________, ________ *español!*

JUNTE TUDO

1 **Pesquise no dicionário as palavras espanholas correspondentes aos idiomas a seguir. Em seguida, adicione (em espanhol) mais dois idiomas que você gostaria de aprender.**

a Alemão ____________________

b Francês ____________________

c Chinês ____________________

d ____________________

e ____________________

2 **Responda as perguntas a seguir em espanhol. Se você já estudou outros idiomas, diga se fala "bem" ou "um pouco" cada língua. Se pretende aprender outros idiomas, diga quais. Em seguida, repita as frases em voz alta.**

a *¿Hablas otros idiomas?*

Sí, hablo ____________________.
No, ________ *hablo* ____________________.

b *¿Quieres aprender otros idiomas?*

í, quiero ____________________.
No, ________ *quiero* ____________________.

#LANGUAGEHACK: Aprender vocabulário com associações é muito mais rápido

Talvez você ache que não tem memória suficiente para lembrar de tantas palavras novas! Mas você tem! Meu segredo para lembrar do vocabulário é usar **técnicas de memorização** ou associações.

Técnicas de memorização são excelentes ferramentas de aprendizagem para se assimilar um grande número de palavras e frases. Já indiquei uma técnica até agora:

- A palavra "Pablo" quando preciso dizer *hablo* (eu falo)

Essas associações são um grande estímulo para sua memória. O segredo de uma boa técnica de memorização é pensar em uma imagem ou som que conecte cada palavra ao seu significado e, em seguida, evocar um sentimento bobo, dramático ou chocante, algo realmente memorável!

O modo mais fácil de fazer isso é por meio da **associação de sons ou imagens.** Basta dizer uma palavra em espanhol e pensar em uma palavra em português que soe como ela e que, talvez, tenha um significado parecido.

Exemplo:

- A palavra *ancho* ("largo") tem pronúncia semelhante a "gancho" em português. Você pode pensar em Sancho Pança, personagem de Dom Quixote, gordo, de cintura larga!
- A palavra *tienda* ("loja") lembra tenda, barraca. Você pode associá-la a um quiosque ou estabelecimento em que se vendem mercadorias.
- Para lembrar de *jugo* ("suco"), você pode fazer uma associação boba com um amigo chamado Hugo que adora tomar suco.

SUA VEZ: Use o hack

02.04 Ouça o áudio e preste atenção à pronúncia de cada palavra. Depois, faça uma associação entre sons ou imagens para criar sua própria técnica de memorização. Em seguida, repita as palavras de acordo com a pronúncia do áudio.

Ao longo do livro, indicarei truques para você se lembrar do novo vocabulário. Até lá veja se consegue criar suas próprias técnicas de memorização!

a *la luz* (luz) ____________________

b *barato* (*barato*) ____________________

c *caro* (caro) ____________________

d *la cosa* (coisa) ____________________

e *el libro* (livro) ____________________

CONVERSA 2

PRONÚNCIA: ñ *(til)*
O sinal retorcido em cima do "n", chamado til, indica uma pronúncia igual à do "nh" em português. Quando o encontrar, imagine um "h" depois do *n*. Por exemplo, ***año*** se pronuncia "ânho" e ***español***, "es-pânhol".

Há quanto tempo você estuda espanhol?

Uma das perguntas mais comuns nas conversas iniciais em espanhol é: "Há quanto tempo você estuda espanhol?" A seguir, vamos aprender a reconhecer e responder essa pergunta.

02.05 Veja se consegue identificar como Felipe pergunta a Sarah "há quanto tempo...?"

Felipe:	¿Desde cuándo **aprendes español**?
Sarah:	Aprendo español desde hace dos semanas.
Felipe:	¿Solo dos semanas? ¡Hablas muy bien!
Sarah:	No, no es verdad ... pero gracias.
Felipe:	De nada. ¡Me encanta aprender idiomas!
Sarah:	¡Interesante! ¿Cuántos idiomas quieres aprender, Felipe?
Felipe:	Pues, algún día espero aprender tres idiomas: inglés, japonés, y árabe. **Especialmente** japonés, porque me gusta la cultura japonesa.
Sarah:	¡Uf! El japonés es muy difícil.
Felipe:	¡Qué va! **¡Es pan comido!**

VOCÁBULO: *-mente*
Em espanhol, o sufixo ***-mente*** forma advérbios como ***felizmente*** e ***fácilmente***, como em português! Mais alguns exemplos:

perfecto/a → ***perfectamente,***

rápido/a → ***rápidamente***

Estudar idiomas nos dá a oportunidade de aprender **expressões novas**. A tradução literal desta é "é pão comido", e significa "é muito fácil!". Não tente traduzir essas frases literalmente. Procure expressões equivalentes mais divertidas!

DESVENDE

1 Use o contexto e as informações que aprendeu na unidade para desvendar:

a Há quanto tempo Sarah estuda espanhol? Destaque as respectivas palavras na conversa.

um dia   duas semanas   só duas semanas

b Quantos idiomas Felipe pretende aprender? ____________

c Quais idiomas Felipe mais quer aprender e por quê?

____

2 Destaque as expressões em espanhol correspondentes a:
(Dica: encontre-as na Conversa 1.)

a só b Você fala espanhol muito bem! c verdade

3 Qual é o significado das palavras *especialmente* e *fácil*?

______________________ ______________________

4 Escreva as expressões espanholas usadas na Conversa 2 para:

a Dizer "você é bem-vindo" ______________________

b Perguntar há quanto tempo ("desde quando")? ______________________

c Perguntar "quantos" ______________________

OBSERVE

02.06 Ouça o áudio e observe o quadro.

Expressões essenciais da Conversa 2

Espanhol	Significado
desde cuándo ...	há quanto tempo... (desde quando)
desde hace dos semanas	há duas semanas (desde fazem duas semanas)
no es verdad	não é verdade
gracias	obrigada
de nada	por nada (de nada)
cuántos	quantos
pues ...	bem...
algún día	algum dia
... es muy difícil	... é muito difícil

DICA DE GRAMÁTICA:
Ordem das palavras
A ordem das palavras em espanhol é diferente da que você conhece, mas não se preocupe! Se você usar a ordem errada, as pessoas vão entendê-lo. Ao longo deste livro, observe as **traduções literais** indicadas entre parênteses para captar a dinâmica do idioma.

1 Destaque a frase correspondente a "(por/há) quanto tempo" no quadro.

O que significa a palavra *cuándo*? ______________________

2 **Indique alguns detalhes da conversa em espanhol:**

a Há quanto tempo Sarah estuda espanhol?
Sarah aprende ________________________________.

b Quais idiomas Felipe pretende aprender?
Felipe espera ________________________________.

3 **Observe como a palavra *es* é usada aqui. Traduza as frases a seguir para o espanhol:**

a É verdade ________________________

b A cultura é interessante ________________

4 **Observe como Sarah e Felipe formulam respostas para perguntas que começam com *Cuántos* e *Desde cuándo*. Preencha as lacunas a seguir com as respectivas expressões utilizadas nas perguntas/respostas.**

a *¿________ idiomas aprendes?*	*Aprendo dos idiomas.*
b *¿Desde cuándo aprendes el idioma?*	*Aprendo el idioma ________ noviembre.*
c *¿Cuántos idiomas hablas?*	*Hablo dos ________.*
d *¿________ hablas el idioma?*	*Hablo el idioma desde septiembre.*

EXPLICAÇÃO GRAMATICAL: Ações contínuas

Em espanhol, você pode descrever uma ação contínua de modo muito simples usando *desde* (desde) e *desde hace* (há):

***Aprendo** español **desde** septiembre.*	"**Estou estudando** espanhol **desde** setembro."
***Estudio desde hace** dos horas.*	"**Estou estudando há** duas horas."

PRATIQUE

Confira o novo vocabulário e amplie mais um pouco o seu script "pessoal".

02.07 Ouça o áudio e observe o quadro.

Números (0–10) e medidas de tempo

Espanhol	Significado	Espanhol	Significado
un/una	um	un día	um dia
dos	dois	una semana	uma semana
tres	três	un mes	um mês
cuatro	quatro	un año	um ano
cinco	cinco		
seis	seis		
siete	sete		
ocho	oito		
nueve	nove		
diez	dez		
cero	zero		

O espanhol tem muitas palavras iguais ou muito parecidas com as do português. É o caso de **semana, mes** (mês) e **año** (ano).

DICA DE GRAMÁTICA: plural
Como no português, para formar o plural em espanhol, geralmente se adiciona um *s* no final da palavra. Assim, dizemos ***dos** semanas*, ***dos** años* e ***dos** días*. Porém, se a palavra já termina em *s*, adicione *es* (como em português): *un mes* → ***dos** meses*.

1 Preencha as lacunas com as respectivas palavras em espanhol.

¿__________ *días trabajas* __________?

Há quantos dias você trabalha aqui?

2 Traduza as expressões a seguir para o espanhol.

a cinco dias __________

b três anos __________

c oito meses __________

d quatro semanas __________

e Estou morando na Espanha desde meu aniversário (*mi cumpleaños*).

____

f Eu estudo espanhol há nove semanas.

____

Cumpleaños lembra "cumprimento dos anos", o que não está longe da verdade. O seu aniversário marca o **cumprimento** de todos os seus ***años*** de vida até agora!

3 Crie técnicas de memorização interessantes para as palavras a seguir. (Lembre-se: priorize a pronúncia, não a grafia.)

cuatro *cinco* *siete*

EXPLICAÇÃO DE PRONÚNCIA: O *r* espanhol

O *r* espanhol tem duas pronúncias: a suave e a forte. Quando inicia uma palavra, tem um som vibrante e forte (como ocorre em *rey, río, red*). Quando surge em uma outra sílaba da palavra, o *r* tem uma pronúncia mais suave e curta, como em arara.

02.08 No áudio, serão reproduzidas palavras já citadas no livro com esse som. Ouça e repita de acordo com a pronúncia indicada.

a *verdadero* (verdadeiro)

b *por* (por)

c *aprendes* (você aprende)

d *interesante* (interessante)

e *cultura* (cultura)

f *practicar* (praticar)

JUNTE TUDO

Crie um quadro com números e palavras em espanhol que descrevam a sua vida. Por exemplo, diga seu número de telefone em espanhol.

Quadro de números e datas

________________	(seu número de telefone)
________________	(sua idade)
________________	(o mês de seu nascimento)
________________	(o mês em que você começou a estudar espanhol)
________________	________________________
________________	________________________
________________	________________________

1 Qual é a sua idade? Pesquise o número em espanhol que corresponde à sua idade e escreva-o no quadro. Em seguida, use *tengo* para dizer quantos anos você tem.

Exemplo: *Tengo* veintisiete *años.* (Tenho 27 anos.)

Tengo ________________ *años.*

2 Pesquise no dicionário o mês de seu nascimento e o mês (ou ano!) em que começou a estudar espanhol. Adicione essas palavras ao quadro. Em seguida, use *desde* para responder:
¿Desde cuándo aprendes español?

Exemplo: *Aprendo español* desde noviembre.

Aprendo español ____________________________.

Pesquise números e datas importantes na sua vida: o mês em que nasceu, a idade dos seus filhos, o número de gatos que você tem... enfim, algo importante para você. Escreva esses números no quadro!

HACKEANDO: ***Adote uma estratégia para aprender vocabulário***
Você não precisa memorizar todos os números e palavras do seu vocabulário agora. Aprenda primeiro as expressões que falará com mais frequência. Com o tempo e mais conversação, você memorizará tudo!

3 Alguém lhe pergunta há quanto tempo você estuda espanhol. Você responde, mas quer continuar a conversa fazendo uma pergunta. Faça as seguintes perguntas em espanhol.

a Há quanto tempo você mora na Espanha? (*vives*)

____

b Há quanto tempo você ensina Espanhol? (*enseñas*)

____

4 Agora, elabore uma frase sobre sua vida. Responda a pergunta a seguir dizendo há quantos dias, semanas, meses ou anos você estuda espanhol.

¿Desde cuándo aprendes español?

____

CONVERSA 3

Compartilhe opiniões

Sarah e Felipe começam a conversar sobre a melhor forma de aprender idiomas.

DICA DE GRAMÁTICA: *que*
Aqui apresentamos o *que*, uma palavra que conecta frases, como: *Creo **que** eres español* ("Acho que você é espanhol"). Ele é um pouco diferente do *qué* (o "quê", com acento) que vimos anteriormente.

🔊 **02.09** Veja se você consegue entender o método de Sarah para aprender espanhol.

Felipe:	Sarah, ¿qué haces para aprender español?
Sarah:	Pues ... estudio vocabulario y voy a clase cada semana.
Felipe:	Bueno ... **Creo que** es una mala idea.
Sarah:	¿De verdad?
Felipe:	Sí. Para aprender portugués, yo prefiero ir a clase cada día.
Sarah:	¡Anda! ¿Cómo haces eso?
Felipe:	A ver ... Voy a clase en casa, por internet. Es fácil, ¿sabes?
Sarah:	Muy interesante. ¡Debo hacer eso! Y ... ¿te gusta leer?
Felipe:	¡Sí! Tengo muchos libros. ¡Eso ayuda!
Sarah:	Sí, es verdad. ¡De acuerdo!

Literalmente, ***¡Anda!*** significa "Ande!/Caminhe!" É uma expressão que demonstra surpresa nesse caso e lembra o "Não diga!" do português.

Você aprenderá a dizer Creo que... Yo prefiero... Debo... para expressar a sua opinião

DESVENDE

1 O que significa *qué haces*? ____________________

2 Encontre na conversa as frases que significam "toda semana" e "todo dia" e as destaque.

3 Responda as duas perguntas a seguir em espanhol.

a Com que frequência Sarah tem aulas de espanhol? ____________________

b Com que frequência Felipe tem aulas de português? ____________________

4 Encontre e destaque na conversa:

a Pelo menos três cognatos ou quase cognatos

b Três usos de "é"

5 *¿Verdadero o falso*? Escolha a resposta certa.

a Felipe prefere assistir a aulas de português em casa, pela internet. *verdadero/falso*

b Felipe acha uma boa ideia ir à aula toda semana. *verdadero/falso*

c Sarah estuda vocabulário para aprender espanhol. *verdadero/falso*

d Felipe acha que ler livros é uma má ideia. *verdadero/falso*

As palavras espanholas que descrevem termos **políticos, técnicos e científicos geralmente são cognatas em relação ao português**. Por isso, é muito mais provável encontrar palavras familiares em conversas mais complexas!

OBSERVE

02.10 Ouça o áudio e observe o quadro.

Expressões essenciais da Conversa 3

Espanhol	Significado
¿qué haces ...	o que você faz...?
... para aprender español?	... para aprender espanhol?
estudio vocabulario	eu estudo o vocabulário
voy a clase cada semana	eu vou para a aula toda semana
creo que ...	eu acho que...
es una mala idea	é uma má ideia
yo prefiero ir	eu prefiro ir
¿cómo haces eso?	como você faz isso?
en casa, por internet	em casa, pela internet
es fácil, ¿sabes?	é fácil, sabia?
¡debo hacer eso!	eu devo fazer isso!
¿te gusta leer?	você gosta de ler?
tengo muchos libros	tenho muitos livros
¡eso ayuda!	isso ajuda!
¡de acuerdo!	concordo!

Ao aprender a palavra ***no***, você dobrou seu vocabulário, pois assimilou um atalho para dizer o oposto de qualquer frase. Imagine que queira falar para um colega que tal coisa "é difícil", mas ainda não conhece a palavra "difícil". Nesse caso, basta dizer que tal coisa "não é fácil". **No es fácil.**

VOCÁBULO: *debo* *(eu devo)*
A forma verbal ***debo*** sempre é complementada por um verbo no infinitivo. Exemplos: ***Debo comer bien.*** "Eu devo comer bem." ***Debo estudiar más vocabulario.*** "Eu devo estudar mais vocabulário."

HACKEANDO: blocos de palavras
Aprenda palavras em blocos em vez de tentar entender cada parte de cada palavra. Esse é um ótimo exemplo. Aprenda essa expressão em bloco. Ela significa: "Isso ajuda!"

1 **Encontre um novo pronome interrogativo e três expletivos no quadro, circule-os e escreva-os a seguir.**

a Como? ____________

b bem... ____________

c ah, bem ... ____________

d vamos ver... ____________

2 **Escreva as expressões que Sarah e Felipe usam para expressar suas opiniões.**

a Acho que ____________

b Prefiro ____________

c Isso ajuda! ____________

d Devo ____________

VOCÁBULO: Com que frequência?

Há vários modos de expressar repetições em espanhol.

Você pode usar ***cada*** e ***todos los/todas las*** (todo[a]/todos[as]):

Exemplos: *cada día* *todas las horas* (todas as horas)

Você também pode usar qualquer número + ***veces*** (vezes) para descrever a "frequência" de algo:

Exemplos: *una vez, dos veces, muchas veces*

EXPLICAÇÃO GRAMATICAL: Formas verbais

A Conversa 3 apresentou diversos verbos novos e diferentes modos de utilizá-los. Agora, você deve aprender a alterá-los para diferentes formas.

Alterar um verbo no infinitivo, como "**aprender**", para outras formas, como (eu) **aprendo** e **aprendes** (você aprende), corresponde tecnicamente a conjugar o verbo.

Crie as formas verbais para *yo* (eu) e *tu* (você)

A maioria das formas verbais de *yo* e *tú* é criada da seguinte maneira:

Passo 1: **Retire a terminação** do infinitivo (*-ar/-er/-ir*)
Passo 2: Para a forma do ***yo*** (eu), **acrescente *-o***
Para a forma do ***tú*** (você), **acrescente *-as*** quando os verbos terminarem em *-ar* **ou *-es*** quando os verbos terminarem em *er/-ir*

Exemplos:

habl**ar** (falar) → habl**o** (eu falo) / habl**as** (você fala)

viv**ir** (viver) → viv**o** (eu vivo) / viv**es** (você vive)

aprend**er** (aprender) → aprend**o**(eu aprendo) / aprend**es** (você aprende)

Yo e *tú*

Observe que os pronomes *yo* (eu) e *tú* (você) não costumam ser muito usados em espanhol. Na maioria das vezes, esses pronomes ficam implícitos na conjugação dos verbos: *aprend**o*** (**eu** aprendo), *aprend**es*** (**você** aprende). Simples, não?

Às vezes, *yo* e *tú* são usados para enfatizar algo, como em ***yo** prefiero*, "**eu** prefiro".

DICA DE GRAMÁTICA: ***desenvolva seu vocabulário — adicione um o!***

A forma verbal *trabajo* (eu trabalho) também pode ser usada como substantivo com o significado de "trabalho" ou "emprego". Na verdade, muitas vezes você pode mudar a terminação de um verbo conhecido para criar um substantivo; basta adicionar um *-o*. Por exemplo:

- *recuerdo* ="Eu lembro/uma lembrança" *Recuerdo esa pelicula. Mi accidente de coche no es un buen recuerdo.*
- *pago* = "Eu pago/ um pagamento" *Yo pago la cena hoy. Tengo que hacer ese pago mañana.*
- *juego* = "Eu jogo/ um jogo" *Juego al fútbol. No me gusta ese juego.*
- *intento* = "Eu tento/uma tentativa" *Intento hacer este ejercicio. Tienes solo dos intentos más.*

PRATIQUE

1 Complete o quadro com as formas de *yo* e *tú* para cada verbo.

Infinitivo	forma do yo	forma do tú
escribir (escrever)	escribo	escribes
estudiar (estudar)		
trabajar (trabalhar)	trabajo	
creer (acreditar ou achar)		
leer (ler)		
decidir (decidir)		

2 Preencha as lacunas a seguir com as formas verbais corretas.

a Você mora aqui em Madri, certo? ________ *aquí en Madrid, ¿no?*

b Espero falar muito espanhol. ________ *hablar mucho español.*

c Estou estudando russo. ________ *ruso.*

d Estou praticando muito espanhol. ________ *mucho español.*

e Você está lendo Don Quixote? ¿ ________ *Don Quijote?*

3 Preencha as lacunas a seguir com as respectivas palavras em espanhol:

a Eu adoro **morar** na Espanha. *Me encanta* ________ *en España.*

b **Eu leio** meu **livro** em casa. ________ *mi* ________ *en casa.*

c **Eu trabalho** todo **dia**. ________ *cada* ________ .

d **Eu prefiro** aprender **todas as semanas**. *Yo* ________ *aprender* ________ *las* ________ .

e Eu acho que **você estuda** na classe. ________ *que* ________ *en clase.*

4 **Use o que aprendeu para traduzir as frases a seguir para o espanhol.**

a Eu prefiro falar espanhol. ______

b Você deve comer aqui. ______

c Você sabe que eu estudo espanhol há duas semanas.

______

d Eu acho espanhol fácil! ______

JUNTE TUDO

Agora fale mais sobre você em espanhol! Use o que aprendeu e seu vocabulário pessoal para criar quatro frases que descrevam sua vida em espanhol:

- Use *aprendo* para falar sobre algo que você está estudando.
- Use *espero* para falar sobre algo que você pretende fazer um dia.
- Use *debo* para falar sobre algo que você deve fazer.
- Use *creo que* para expressar uma opinião.

FINALIZANDO A UNIDADE 2

Confira o que aprendeu

02.11 Releia as conversas e quando se sentir confiante:

- Ouça o áudio de treino com as perguntas em espanhol
- Pause ou repita o áudio sempre que precisar para entender as perguntas
- Repita as frases do áudio até a pronúncia soar natural
- Responda as perguntas em espanhol (utilize frases completas).

Mostre o que sabe...

Confira o que aprendeu na unidade. Escreva ou fale um exemplo para cada item da lista e marque os itens que sabe.

- [x] Faça uma pergunta do tipo "sim" ou "não". ¿Vives aquí en Madrid?
- [ ] Indique as formas verbais correspondentes a *yo* e *tú* (ex.: *aprender*).
- [ ] Use as expressões de opinião: "Eu acho que" e "Eu prefiro".
- [ ] Faça a seguinte pergunta: "Há quanto tempo você estuda espanhol?"
- [ ] Diga há quanto tempo você estuda espanhol.
- [ ] Diga quais outros idiomas você fala ou pretende estudar.
- [ ] Formule uma frase negativa usando *no* (ex.: *Me gusta viajar*).
- [ ] Indique três expletivos.
- [ ] Pronuncie os sons *r* e *ñ* do espanhol:
  - [ ] *¿Estudias español?*
  - [ ] *¡Sí! ¡Me encanta la cultura!*

COMPLETE SUA MISSÃO

É hora de completar sua missão: passe a impressão de que você fala espanhol por, pelo menos, 30 segundos. Prepare-se para iniciar uma conversa fazendo perguntas e respondendo os questionamentos das outras pessoas.

PASSO 1: Crie seu script

Para continuar desenvolvendo seu script, escreva algumas frases pessoais e perguntas que surgem comumente nas conversas. Lembre-se de:

- Fazer uma pergunta com *¿Desde cuándo?*
- Faça uma pergunta com *Qué te gusta? ou ¿Qué haces?*
- Dizer se fala outros idiomas e seu nível de fluência neles
- Dizer como estuda espanhol
- Dizer quais outros idiomas deseja/pretende aprender
- Dizer há quanto tempo estuda espanhol usando desde (*hace*).

Escreva seu script e repita as frases até se sentir confiante.

PASSO 2: O que a galera está fazendo... *online*

Você investiu tempo no seu script. Agora é hora de completar sua missão e compartilhar sua gravação. Acesse a comunidade online para encontrar a missão da Unidade 2 e usar o espanhol que aprendeu até agora!

Superar a inércia é essencial. Depois de começar, continuar a fazer algo fica muito mais fácil.

PASSO 3: Aprenda com outros estudantes

Quer avaliar outros scripts? **Sua tarefa é ouvir, pelo menos, duas gravações enviadas por outros estudantes.** Há quanto tempo eles estudam espanhol? Eles falam outros idiomas? Deixe um comentário em espanhol indicando as palavras que conseguiu compreender, responda uma pergunta feita no final do vídeo e faça uma pergunta para eles.

PASSO 4: Avalie o que aprendeu

Aprendeu alguma frase nova na comunidade online? Sempre anote tudo!

EI, HACKER DA LINGUAGEM, JÁ PERCEBEU QUE ESTÁ FALANDO UM ESPANHOL RAZOÁVEL?

Em apenas duas missões, você aprendeu muitas palavras e frases que poderá usar em conversas reais. Lembre-se de que é possível juntar palavras e frases para criar combinações infinitas. Seja criativo!

Nas próximas unidades, você aprenderá mais técnicas para conversar em espanhol, apesar do seu vocabulário limitado e pouco tempo de estudo.

Es fácil, ¿sabes?

3 RESOLVA OS PROBLEMAS DE COMUNICAÇÃO

Sua missão

Imagine que você está se divertindo em sua *fiesta* quando alguém propõe um jogo: você deve descrever algo sem dizer o nome do objeto!

Sua missão é usar seus poucos conhecimentos de espanhol para vencer o jogo. Prepare-se para recorrer ao **"espanhol Tarzan"** e outras estratégias de conversação a fim de **descrever uma pessoa, lugar ou coisa** em espanhol.

Nesta missão, você vai superar o medo da imperfeição e se expressar utilizando uma técnica muito eficiente e poucas palavras.

Treine para a missão

- Aprenda a usar frases para conhecer pessoas: *¿Cómo estás?, mucho gusto, ¿Cómo te llamas?*
- Aprenda frases essenciais para compreender diálogos em espanhol: *más lento, lo siento... ¿Puedes repetir eso?*
- Faça perguntas diretas: *Dime, ¿Puedes ayudarme?*
- Aprenda a falar sobre o que você tem e do que precisa com *tengo* e *necesito*
- Desenvolva uma nova estratégia de conversa: use o "espanhol Tarzan".

APRENDENDO A CONHECER PESSOAS NO IDIOMA

Praticar com um orientador ou professor online, sobretudo quando você não mora em um país hispânico, é um dos modos mais eficientes (e viáveis) de estudar o idioma.

Você pode começar agora, mesmo que não tenha um vocabulário muito grande. Nesta unidade, você vai aprender a usar frases essenciais e estratégicas (para quando não entender algo) e o "espanhol Tarzan" (para se comunicar apesar de ter um vocabulário reduzido e poucas noções gramaticais). Essas estratégias vão ajudá-lo a encarar seus erros com tranquilidade e deixar suas conversas mais interessantes, mesmo que seja um iniciante.

#LANGUAGEHACK

Use o truque das terminações para turbinar a memorização dos gêneros das palavras

É fácil conversar em espanhol online. Sempre faço isso quando estudo um idioma. Atualmente, costumo programar **bate-papos online** para manter a fluência nos idiomas que domino, como o espanhol. Confira a seção Recursos online para obter mais informações.

PRONÚNCIA: *ll* – *"o l duplo"*
O som do *l* duplo em espanhol varia em cada país: na Colômbia, se fala "j" (como em "jarro") e, na Argentina, "ch" (como em "chá"). Para muitos, a pronúncia mais fácil é "i" (como em "isso"); você quase sempre será compreendido se pronunciar o *ll* desse modo. Ouça o áudio da Conversa 1 e preste atenção à pronúncia do *ll*.

DICA CULTURAL: *encantado* ou *mucho gusto?*
Os falantes de espanhol usam expressões diferentes em seus países. Na Espanha, ***encantado/a*** é outro modo de dizer "prazer em conhecê-lo" (a expressão significa literalmente "encantado" e lembra a frase ***me encanta***), mas, nos outros países, é mais comum dizer ***mucho gusto***, que significa literalmente "muito prazer".

CONVERSA 1

Bate-papo online

Seguindo o conselho de Felipe, Sarah resolveu assistir a uma aula de espanhol pela internet. Sua primeira conversa online será com Antonio, seu novo professor. Por ser o seu primeiro encontro com Antonio, Sarah deve se apresentar.

03.01 Qual é o cumprimento utilizado por Antonio? Como Sarah responde?

Antonio: ¡Hola! ¿Cómo estás?
Sarah: ¡Hola! ¡Estoy muy bien! **¿Cómo te llamas?**
Antonio: **Me llamo** Antonio. ¿Y tú?
Sarah: Me llamo Sarah. ¡Muchas gracias por enseñarme español!
Antonio: De nada. No hay problema. ¡Tienes un nombre bonito! **Mucho gusto**, Sarah.
Sarah: Gracias, muy amable. Mucho gusto.
Antonio: Así que, ¿dónde estás hoy?
Sarah: Ehhhh … Más lento, por favor.
Antonio: Hoy, ¿dónde estás?
Sarah: Ah, sí. Ahora estoy en Madrid.

DESVENDE

1 Com base no contexto, determine o tema central da conversa. Destaque as frases em que:
  a Sarah pede Antonio para repetir o que disse mais devagar.
  b Sarah agradece Antonio por lhe ensinar espanhol.
  c Antonio pergunta onde Sarah está hoje.

2 Escreva as expressões a seguir em espanhol.
  a obrigado ____________ c por favor ____________
  b de nada ________

3 Na sua opinião, qual é o significado das frases a seguir em português?
  a *no hay problema* ____________________
  b *¿Cómo te llamas?* ____________________

4 Qual é o significado da pergunta que Antonio faz a Sarah no final da conversa? ____________________

OBSERVE

03.02 Ouça o áudio e observe o quadro.

Expressões essenciais da Conversa 1

Espanhol	Significado
¿cómo estás?	como vai?
estoy muy bien	vou muito bem
¿cómo te llamas?	como você se chama?
me llamo ...	meu nome é... (me chamo)
muchas gracias	muito obrigado(a)
... por enseñarme español	...por me ensinar espanhol! (por ensinar-me espanhol)
de nada	por nada (de nada)
no hay problema	sem problemas (não há problemas)
tienes ...	você tem...
... un nombre bonito!	...um belo nome! (um nome bonito)
muy amable	que gentil (muito gentil)
mucho gusto	prazer em conhecê-lo (muito prazer)
¿dónde estás hoy?	onde você está hoje?
¿más lento, por favor?	mais devagar, por favor
ahora	agora

A frase ***¿Cómo te llamas?*** ("Como se chama?", em tradução literal) pode ser melhor compreendida como: "Qual é o seu nome?"

Talvez você já tenha ouvido isso em filmes ou na TV, mas "no problemo" não é uma expressão espanhola. A frase correta é ***no hay problema***, "não há problema". Outra expressão comum na Espanha é **no pasa nada**, que significa "não se preocupe" (literalmente, "nada está acontecendo"). Você também pode dizer ***está bien*** ("está bem").

VOCÁBULO: *más lento* — *"mais devagar"*
Outra palavra que você talvez já tenha ouvido é ***despacio***, que significa "devagar". Você deve pedir a alguém para "falar mais devagar" (***hablar más lento***) ou "falar mais lentamente" (***hablar más despacio***)? Tecnicamente, a segunda está correta, mas, como em português, muitos falantes de espanhol não seguem as regras!

1 Qual frase você pode usar quando alguém estiver falando rápido demais?

____

2 Traduza as frases a seguir para o espanhol:

a Prazer em conhecê-lo _______________

b Está tudo bem! _______________

c Estou em Londres agora (Londres) _______________

3 Traduza as formas verbais a seguir para o português:

a *estoy* _______ b *tienes* _______ c *estás* _______ d *me llamo* _______

4 Encontre as seguintes expressões no quadro e as escreva aqui:

a Como vai você? ______________ c agora ______________

b Onde você está? ______________ d hoje ______________

5 Confira novamente a lista de frases, escute o áudio e avalie a exatidão da sua pronúncia para as expressões a seguir:

gracias *enseñarme* *Madrid* *me llamo* *por favor*

VOCÁBULO: *a diferença entre ser e estar*

Há situações em que você pode usar ***ser*** ou ***estar*** para indicar coisas diferentes. Por exemplo, se eu digo: ***eres guapo*** (você é bonito), estou falando que você é normalmente bonito... você já acorda maravilhoso... que sorte! Mas, se eu digo: ***estás guapo*** (você está bonito), estou afirmando que sua aparência está deslumbrante *agora*, por causa de um terno elegante ou do seu novo corte de cabelo. (Normalmente, você só é descrito como ***guapo*** pela sua tia, vai saber por quê!)

EXPLICAÇÃO GRAMATICAL: *soy* e *estoy*

No espanhol, usamos os verbos *ser* e *estar* para expressar as mesmas ideias que os verbos "ser" e "estar" do português.

- ***Ser*** geralmente indica uma característica permanente de algo ou alguém, como sua personalidade, nacionalidade, profissão, cor dos cabelos etc.

  soy – "eu sou" (normalmente), *eres* – "você é" (normalmente)

- ***Estar*** geralmente indica uma condição temporária, como o local onde você está, como se sente, a cor dos seus cabelos se você os tingisse por um dia etc.

  estoy – "eu estou (agora), *estás* – "você está" (nesse momento)

Exemplos:	***soy estudiante***	eu sou estudante
	estoy en España	eu estou na Espanha
	eres muy simpático	você é muito simpático
	estás muy ocupado	você está muito ocupado

1 Para praticar, escolha entre *ser* e *estar*. Marque os verbos corretos.

a *Estoy/Soy en el supermercado ahora.* (... no supermercado agora.)

b *Estás/Eres muy inteligente.* (... muito inteligente.)

c *Estoy/Soy triste hoy.*(... triste hoje.)

d *¿Estás/Eres profesora?* (Você... professora?)

Ahora é uma palavra que você vai usar o tempo todo. Para lembrar dela, pense em *a* + *hora*.

2 Preencha as respostas a seguir com as respectivas formas de *ser* ou *estar*.

a *¿En qué trabajas?* __________ *escritor.*

b *¿Eres mexicano?* *No,* __________ *argentino.*

c *¿Quieres ir a la fiesta?* *No puedo. ¡*__________ *muy cansado!*

d *¿Dónde estás?* *¡*__________ *en el parque!*

TÁTICA DE ESTUDO:
cometer erros ajuda na memorização!
Para conhecer sua profissão, os espanhóis normalmente perguntam: ***¿En qué trabajas?*** (Em que você trabalha?) ou ***¿A qué te dedicas?*** (A que você se dedica?). Meu amigo Joseph me contou que, certa vez, o pai de sua namorada espanhola lhe perguntou: *¿A qué te dedicas?* Ele prontamente respondeu: "Sim, sou muito dedicado à sua filha!" A risada foi geral. Cometer esses erros engraçados faz parte do processo e ajuda a turbinar sua memória. (Como você pode imaginar, Joseph nunca mais teve dificuldade com essa expressão!)

PRATIQUE

1 Associe as perguntas em espanhol a seguir com suas formas corretas em português.

a *¿Qué haces para aprender español?*
b *¿Vives en España?*
c *¿Cómo estudias español?*
d *¿Cómo te llamas?*
e *¿Debo hablar más lento?*
f *¿Dónde estás?*

1 Qual é seu nome?
2 Onde você está?
3 Você mora na Espanha?
4 Como você estuda espanhol?
5 O que você faz para aprender espanhol?
6 Devo falar mais devagar?

2 O verbo espanhol *enseñar* ("ensinar") é um pouco difícil. Crie uma técnica de memorização para fixá-lo.

Na Conversa 1, vimos que **me llamo** (meu nome é) significa, literalmente, "me chamo". Esse é um exemplo da posição do pronome oblíquo!

EXPLICAÇÃO GRAMATICAL: Ordem de palavras em frases com pronomes oblíquos

Quando Sarah diz *me llamo, me gusta* e *enseñarme* (me ensinar), observe que a ordem das palavras do espanhol é parecida com a do português:

Exemplo: *Me enseñas.* (Você me ensina ou, literalmente, "me ensina".)

Como você pode notar, em espanhol, ***me, te*** e palavras como ***lo*** (o/lhe) costumam vir antes do verbo conjugado: *¿te gusta?* ("isso o agrada"?)

Você também pode dizer **me puedes enseñar.**

Quando o verbo está no infinitivo, essas palavras vêm depois dele:

Exemplo: *¿Puedes **enseñarme** español?* (Você pode **me ensinar** espanhol?)

Confira o quadro a seguir para compreender e aprender a usar essa estrutura sintática.

03.03 Ouça o áudio e observe o quadro.

Ordem das palavras em frases com pronomes oblíquos

Verbo	Frase com pronome	Significado	Verbo + pronome	Significado
querer	te quiero	eu amo **você** (você eu amo)	quererte	amar **você**
enseñar	me enseñas	você ensina **me** (me ensina)	enseñarme	ensinar **me**
oír	no puedo oírte	não posso ouvir **você** (não eu-posso ouvir-você)	oírte	ouvir **você**
ver	lo veo	vejo-**o**	verlo	ver **ele**
decir	me dices	você diz a **mim**		dizer **me**
ayudar	quiero ayudarte	eu quero ajudá-**lo**		ajudar **você**
dar	te doy	eu **lhe** dou		dar-**lhe**
enviar		que quero enviá-**lo**		enviar **ele**
escribir	voy a escribirte	vou escrever (para) **você**		escrever a **ele**
llamar		eu **o** chamo		chamar **você**
comer		eu não **o** como		não comer **algo**

VOCÁBULO:
eu te "amo"
Há muito modos de expressar amor em espanhol. O mais comum é *te quiero*, que significa literalmente "eu lhe quero"; essa expressão pode ser usada para familiares, amigos e namorados. Não a confunda com *me encanta*, que se refere a um objeto, não uma pessoa. Na América Latina, as pessoas dizem *te amo*, mas apenas entre namorados.

DICA DE GRAMÁTICA:
verbos irregulares
Alguns verbos do quadro não seguem o padrão que você aprendeu. Por exemplo, você deve ter visto *quiero* e pensado: "Ei, por que não 'quero'?" Há muitos verbos irregulares como esse em espanhol. Na Unidade 5, coloquei um #languagehack para você memorizá-los rapidamente.

1 Complete as frases a seguir com o pronome oblíquo correto em espanhol.

a ________ *doy la medicina.* (Eu lhe dou o remédio.)

b *¿* ________ *ves?* (Você o vê?)

c *¿Puedes* ________ *ahora?* (Você pode me ajudar agora?)

2 Complete as frases a seguir com o verbo espanhol no infinitivo.

Exemplo: *¿Puedes* verme? (Você pode **me ver**?)

a *¿Puedes* __________? (Você pode me **ensinar**?)

b *¿Quieres* __________? (Você quer **falar comigo**?)

c *Quiero* __________ *una cosa* (Eu quero **lhe dizer** uma coisa.)

3 O quadro está incompleto! Preencha as lacunas usando a estrutura correta do pronome oblíquo.

4 Coloque as palavras na ordem correta para criar frases completas.

a *puedo/te/llamar/no* (Não posso chamá-lo.)
____

b *te/visitar/quiero/no* (Não quero visitá-lo.) __________________________

c *lo/poner/aquí/debo* (Eu devo colocá-lo aqui.)
____

d *¿oír/puedes/me?* (Você consegue me ouvir?)
____

JUNTE TUDO

Use as palavras que você aprendeu na Conversa 1 para escrever cinco frases que descrevam sua vida. Use *ser* para descrever fatos permanentes ou habituais e *estar* para descrever a situação atual. Fale sobre:

- Sua profissão
- Sua nacionalidade
- Um traço de sua personalidade
- Onde você está agora
- Como você está se sentindo.

CONVERSA 2

Não entendi...

No decorrer da aula online, Sarah tem dificuldades para entender Antonio e pede ajuda a ele.

🔊 **03.04** Como Antonio reformula suas frases quando Sarah pede ajuda?

Antonio:	¿Por qué dices que 'ahora' estás en Madrid? ¿Vives en otra ciudad?
Sarah:	Lo siento ... No entiendo.
Antonio:	¿Por qué razón estás en Madrid?
Sarah:	Ah, entiendo. ¡Estoy aquí para aprender español!
Antonio:	¿En serio? ¡Muy interesante!
Sarah:	¿Y tú? ¿Dónde estás?
Antonio:	Estoy en España, en Valencia. Vivo y trabajo aquí.
Sarah:	¿Puedes repetir, por favor?
Antonio:	Vivo en Valencia, así que estoy en España.
Sarah:	Un momento ... No puedo **oírte** bien.

Como lembrar que ***oír*** significa "ouvir"? A pronúncia é semelhante à do português e, quando se trata de associações, o som é essencial. Para memorizar esse verbo, é só tirar o "uv" de ouvir!

DESVENDE

1 *¿Verdadero o falso?* **As afirmativas a seguir são verdadeiras ou falsas? Escolha a resposta certa e corrija as opções erradas.**

morando e trabalhando

Exemplo: Antonio diz que ele está ~~viajando~~ em Valência

a Antonio pergunta a Sarah por que ela está em Madri. *verdadero / falso*

b Sarah diz que está em Madri para trabalhar. *verdadero / falso*

c Antonio mora em Madri. *verdadero / falso*

2 **Na conversa, há várias palavras parecidas com palavras em português. Diga o significado das expressões a seguir.**

a *interesante*
b *repetir*
c *razón*
d *serio*
e *otra*
f *momento*

3 **Traduza as frases a seguir para o português.**

a *¿Vives en otra ciudad?* ______________________

b *¿Puedes repetir?* ______________________

c *No puedo oírte bien.* ______________________

4 **Destaque as ocorrências das palavras *estás* (três vezes) e *estoy* (três vezes) na conversa.**

5 **Destaque na conversa uma palavra que você não conhece e tente deduzir seu significado. Pesquise no dicionário e confira se acertou!**

OBSERVE

03.05 Ouça o áudio e observe o quadro. Repita as frases em voz alta e preste muita atenção à pronúncia de *lo siento, no entiendo* e *¿Puedes repetir?*

Expressões essenciais da Conversa 2

Espanhol	Significado
dices que ...	você disse que...
otra ciudad	outra cidade
lo siento	sinto muito (o sinto)
no entiendo	não entendi
para aprender español	(com o objetivo de) aprender espanhol
¿en serio?	mesmo? (sério?)
trabajo aquí	eu trabalho aqui
¿puedes repetir?	você pode repetir?
un momento ...	um momento...
no puedo oírte bien	não consigo ouvi-lo bem

Para indicar se está entendendo algo ou não, diga **entiendo** ou **no entiendo**. Você já deve ter ouvido pessoas arranhando um espanhol com um ***no comprendo***, mas isso significa que elas não estão compreendendo um conceito. Portanto, para pedir que uma frase seja repetida ou reformulada, use ***no entiendo.*** Caso contrário, você pode ouvir uma longa e desnecessária explicação sobre algo.

VOCÁBULO: *para* *"com o objetivo de"*
Em espanhol e português, ***para*** significa "com o objetivo de", como em: ***Estoy aquí para hablar con españoles!*** (Estou aqui com o objetivo de falar com espanhóis!)

1 Encontre no quadro as expressões a seguir e escreva-as em espanhol:

a *As formas para yo* e *tú* de *vivir* (morar) __________ __________

b *As formas para yo* e *tú* de *estar* (estar) __________ __________

c *A forma para yo* de "poder", sendo que puedes é igual a "você pode" __________

d *A forma para tú* de *decir* (dizer) e *llamar* (chamar)
__________ __________

e *A forma para yo* de *trabajar* (trabalhar) e *entender*
__________ __________

As frases essenciais são armas secretas para lidar com qualquer conversa em espanhol e superar eventuais problemas de compreensão.

TÁTICA DE CONVERSA: Frases essenciais

Nas Conversas 1 e 2, Sarah utiliza várias **frases essenciais** para comunicar seus problemas com o idioma a Antonio. Se aprender essas frases, você não terá mais desculpa para falar em português.

1 Crie duas frases essenciais combinando *puedes* (você pode) com pronomes oblíquos e as escreva no quadro a seguir.

Exemplo: Você pode escrever isso, por favor? → ¿Puedes escribirlo, por favor?

a Eu não entendo. **Você pode me ajudar?**

____

b Eu estudo espanhol só há um mês. **Você pode falar mais devagar?**

____

2 Escreva as frases essenciais que aprendeu até agora no quadro a seguir.

Quadro de frases essenciais

Espanhol	Significado
¿Cómo se dice ... ?	Como se diz... ?
	Mais devagar, por favor.
	Sinto muito.
	Não entendi.
	Pode repetir?
	Um momento.
	Não consigo ouvir bem.

EXPLICAÇÃO GRAMATICAL: "ouça", "olhe", "diga" — o imperativo

Quando você diz a alguém "olhe", "repita" e "vá", está usando a forma do imperativo (um "comando"). Essa forma já apareceu na Unidade 1, quando Felipe disse a Sarah *¡háblame de ti!* Você ouvirá o imperativo muitas vezes, como em:

¡Mira! (Olhe!) *¡Escucha!* (Escute!) *¡Ven!* (Venha!)
¡Dime! (Diga-me!) *¡Escúchame!* (Escute-me!) *¡Ayúdame!* (Ajude-me!)

Para usar o imperativo, você geralmente só precisa **remover o "s" da forma do *tú***. Também é possível acrescentar o pronome oblíquo *-me/-te* no final do verbo.

Exemplo: *comes* (você come) → *¡Come!* (Coma!)
miras (você olha) → *¡Mírame!* (Olhe para mim!)

É útil conhecer a forma do imperativo de alguns dos verbos mais comuns, mas há sempre a opção de colocar "**você pode**" antes do verbo no infinitivo.

Exemplo: *¡Mira!* (Olhe!) → *¿**Puedes** mirar?* ("Você pode" + "olhar')

habla → *¿Puedes hablar?* *ven* → *¿Puedes venir?*
ayúdame → *¿Puedes ayudarme?* *escucha* → *¿Puedes escucharme?*

Quando o *me*, *te* etc aparecem no final de um verbo, geralmente a vogal da sílaba mais forte recebe um acento, como em ***ayúdame***. Não se preocupe com isso por enquanto, mas, sempre que vir esse acento, pronuncie a respectiva vogal com mais força.

PRATIQUE

1 03.06 Traduza as frases úteis a seguir para o espanhol. Ouça o áudio e confira suas respostas.

a Ajude-me, por favor! ______

b Fale espanhol, por favor! ______

c Olhe para mim! ______

d Venha cá! ______

DICA CULTURAL:
vou deixar alguém frustrado?

Em uma das minhas primeiras tentativas de falar espanhol, consegui um reembolso por ter comprado uma escova de dentes elétrica quebrada através de gestos e algumas palavras, sendo que nenhuma delas era "quebrada" nem "escova de dentes"! Você vai encontrar falantes de espanhol muito pacientes e simpáticos no mundo inteiro. Fique tranquilo ao falar um espanhol precário com os nativos, pois eles terão prazer em ajudá-lo. Experimente!

2 Faça combinações diferentes com as palavras que você já conhece para dizer:

a Onde você mora? ______________________

b O que você está dizendo?
____

c Em que outra cidade você quer morar?
____

d Por que você diz que quer trabalhar em Madri?
____

e Eu entendo que você está trabalhando.
____

*A maioria dos **pronomes interrogativos** em português tem equivalentes em espanhol que começam com qu, co ou cu.*

3 Depois de aprender os principais pronomes interrogativos do idioma, pesquise no dicionário como perguntar "quem?" em espanhol e, em seguida, preencha o quadro com as respectivas expressões.

Quadro de pronomes interrogativos

Significado	Espanhol	Significado	Espanhol
Por quê?		Quem?	
O quê?		Qual?	¿Cuál?
Quando?		Como?	¿Cómo?
Onde?		Quantos?	

VOCÁBULO: ***¿cómo?***
¿Cómo? é um modo rápido de indicar que você não entendeu algo, como em português. É fácil e mais cortês que *¿Qué?*

4 Quais pronomes interrogativos são utilizados para obter as seguintes respostas?

a *El sábado.* ______________

b *14.* ______________

c *Pablo.* ______________

d *La estación de tren.* ______________

e *Porque quiero.* ______________

JUNTE TUDO

Para continuar desenvolvendo seu script, use o que aprendeu até agora e seu novo vocabulário "pessoal" para criar novas frases que indiquem:

- De onde você é e onde mora agora (use *pero* e *ahora*)
- Há quanto tempo você mora na cidade (use *desde*)
- Onde você trabalha (use *trabajo*)
- Há quanto tempo você trabalha nesse emprego (use *desde*).

CONVERSA 3

VOCÁBULO:
ai! ei ! ufa!
Como o português, o espanhol tem ótimas interjeições para expressar emoções de forma muito mais espanhola. Essas são as mais comuns:

- *¡Ey!* Ei!
- *¡Ay!* Ai!
- *Eh ...* Ahn...
- *¿Eh?* Hum?/Quê
- *Uf* Ufa

Você consegue me ouvir?

Sarah e Antonio têm dificuldades com a conexão de internet.

03.07 Quais palavras Sarah usa para dizer a Antonio que sua conexão está ruim?

Sarah:	Lo siento. Tengo mala conexión. ¡Lo siento!
Antonio:	No pasa nada. ¿Quieres desactivar la webcam?
Sarah:	No ... Tengo un problema con mi ... ya sabes ... **uf** ... ¡No recuerdo la palabra! ¡Mi cosa ... de internet!
Antonio:	¿Tu **wifi**? ¿Tu ordenador?
Sarah:	¡Mi ordenador! Necesito reiniciarlo.
Antonio:	Está bien, si crees que eso es una buena idea.
Sarah:	... ¿Puedes oírme ahora?
Antonio:	No muy bien.
Sarah:	Lo siento. Mi ordenador es viejo. ¿Puedo llamarte la próxima semana?
Antonio:	¡Por supuesto! ¿Cuándo quieres hablar de nuevo? ¿El sábado?
Sarah:	¡Está bien! **¡Hasta luego!**
Antonio:	¡Hasta la próxima!

Para acessar uma rede **wi-fi**, basta pedir a **contraseña** (senha) — *¿Cuál es la contraseña del wifi?* (Qual é a senha do wi-fi?)

Há muitas formas de **encerrar uma conversa ou se despedir**. Você pode dizer ***chao, hasta la próxima*** (até a próxima), ***hasta luego*** (até logo) ou apenas ***hasta*** + dia/hora (como ***hasta mañana!,*** "vejo você amanhã!"). E sim, ***hasta la vista*** (até a próxima) também é possível... só não acrescente "baby".

DESVENDE

1 Na conversa, há diversas palavras em espanhol iguais ou parecidas com palavras em português. Escreva o significado das palavras a seguir.

a *desactivar*
b *reiniciar*
c *conexión*
d *wifi*
e *internet*

2 Com base no contexto, indique qual das opções a seguir é falsa e a corrija.

a Sarah acha que sua conexão está ruim. ________________

b Antonio não consegue ouvir bem Sarah. ________________

c O problema é com o wi-fi de Sarah. ________________

d Sarah e Antonio resolvem conversar em outro momento. ________________

3 Escreva as expressões a seguir em espanhol:

a Sinto muito ________________

b Sem problemas ________________

c Eu preciso ________________

d Não é meu ________________

e Você sabe ________________

f Isso é ótimo ________________

g Duas formas de se despedir em espanhol ________________ ________________

4 A conversa contém dois verbos no infinitivo ligados a um pronome oblíquo (*lo*, *me*, *te*). Encontre-os e destaque-os.

5 Na sua opinião, o que significa a palavra *mi*? ________________

Os erros fazem parte do processo. Ninguém aprende espanhol sem cometer muitos erros, que, além de serem inevitáveis, são uma forma de adquirir mais conhecimento. No xadrez, por exemplo, **os jogadores são aconselhados a perder 50 jogos logo no início.** Então, encare seus erros com tranquilidade para avançar muito mais rápido!

Desenvolver **formas mais simples de transmitir uma ideia** é uma habilidade essencial para atingir a fluência. Como iniciante, falar um espanhol simples, até mesmo com erros de gramática, permite que você participe de mais conversas e turbine seu progresso! *¿Puedes decirme dónde está el banco?* → *¿Banco ... dónde?*

TÁTICA DE CONVERSA 1: Use o "espanhol Tarzan" para se comunicar utilizando um vocabulário reduzido

Nem sempre o iniciante sabe se expressar com exatidão. Mas não fique frustrado: seu foco deve estar em se comunicar e não em falar com fluência. Ou seja, encare seus erros com tranquilidade.

É por isso que recomendo usar o "espanhol Tarzan". Encontre modos de transmitir ideias de forma compreensível, mesmo que a gramática e as palavras escolhidas não sejam lá grande coisa. É possível se comunicar usando apenas palavras-chave.

Por exemplo, a frase "Você poderia me dizer onde fica o banco?" pode ser reduzida a duas palavras: "**Banco... onde?**", como diria o Tarzan.

1 Utilize o "espanhol Tarzan"! Confira as frases a seguir. Isole as palavras-chave e, em seguida, use o "espanhol Tarzan" para transmitir o mesmo significado.

   Exemplo: *No entiendo. ¿Puedes repetir eso, por favor?* →
                <u>*¿Repetir, por favor?*</u>

   a *Lo siento, ¿pero te importa hablar más despacio?* (Desculpe, você pode falar mais devagar?) _____

   b *¿Puedes decirme cuánto cuesta esto?* (Você pode me dizer quanto custa isto?) _____

   c *Perdon, ¿sabes dónde está el supermercado?* (Com licença, você sabe onde fica o supermercado?) _____

TÁTICA DE CONVERSA 2: Memorize as palavras polivalentes *persona, lugar, cosa*

persona (pessoa) *lugar* (lugar) *cosa* (coisa)

Essas palavras são **polivalentes**, ou seja, geralmente fazem referência a muitos substantivos. Portanto, devem ser utilizadas sempre que necessário para descrever algo cujo nome você não sabe:

Na conversa, Sarah usa esse truque quando esquece a palavra correspondente a "computador".

Em espanhol, é possível formar muitas expressões do tipo (alguma coisa) *de* (outra coisa):

Exemplos:	*la estación* ***de*** *tren*	= "a estação de trem"	(estação ferroviária)
	la parada de autobús	= "a parada de ônibus"	(ponto de ônibus)
	la tarta ***de*** *chocolate*	= "o bolo de chocolate"	(bolo de chocolate)

Você pode recorrer a esta fórmula em inúmeras situações: (**palavra polivalente**) + **de** + (uma palavra relacionada ao *lugar, cosa* ou *persona* em questão). Por exemplo:

Eu chamo o medo de cometer erros de "**paralisia do perfeccionismo**". O perfeccionismo é seu inimigo porque impede que você se comunique na prática. Quem quer falar tudo perfeitamente acaba não dizendo nada!

"estação de trem" → "lugar ... de tren"
"cama" (coisa de dormir) → "cosa ... de dormir"
"professor" (pessoa que ensina) → "persona ... de enseñar"

1 Agora é sua vez. Transmita o significado das frases a seguir usando palavras polivalentes?

Lembre-se de **usar primeiro a expressão polivalente** para facilitar sua compreensão pelo falante de espanhol.

Exemplo: Caneta? → cosa de escribir ("coisa de escrever")

a Biblioteca? → ______________ ("lugar de livros")

b Garçonete? → ______________ ("pessoa do restaurante")

OBSERVE

03.08 Ouça o áudio e observe o quadro.

VOCÁBULO: *si* e *sí*
Como vimos, ***no*** significa "não", mas observe que ***si*** não significa sim! Significa "se". Em espanhol, "sim" é ***sí***. Esse acento no "i" faz uma grande diferença! ***¿Hablas español? ¡Sí!***

Do mesmo modo, ***tu*** = "seu" (***tu wifi***, "seu wi-fi") e ***tú*** = "você" (***tú eres***, "você é").

Expressões essenciais da Conversa 3

Espanhol	Significado
lo siento	sinto muito
no pasa nada	sem problemas
¡no recuerdo la palabra!	esqueci a palavra
necesito reiniciarlo	preciso reiniciá-lo
está bien	tudo bem
si crees que ...	se você acha que...
¿puedes oírme ahora?	você consegue me ouvir agora?
mi ordenador...	meu computador...
... es viejo	... é velho
la próxima semana	a próxima semana
de nuevo	outra vez (de novo)
¡hasta luego!	até logo!
¡hasta la próxima!	até a próxima

EXPLICAÇÃO DE VOCABULÁRIO: *Vocabulário de tecnologia*

Vimos que, na Espanha, *ordenador* significa "computador", mas os latino-americanos costumam dizer *computadora* com uma frequência assustadora. Da mesma forma, na Espanha, um "notebook" é um *portátil*, mas, em outros países, também se diz *laptop*.

Observe que grande parte do vocabulário espanhol de *tecnología* é formado por palavras de origem inglesa:

webcam   *email*   *internet*   *(doble) clic*   *wifi*

Esse vocabulário também contém palavras que seguem o padrão dos cognatos. Algumas delas são verbos:

desactivar   *reiniciar*   *conectar*   *editar*   *copiar*

Já que é assim, *por qué no* abrir seu *ordenador, portátil o móvil*, procurar *preferencias* no *menú* e configurar todas as suas *interfaces digitales* para *español*?

1 Preencha as lacunas a seguir com os respectivos verbos em espanhol:

a _tener_ (ter) ________ (eu tenho) _tienes_ (você tem)

b _creer_ (achar) _creo_ (eu acho) ________ (você acha)

c _poder_ (poder/ser capaz de) ________ (eu posso/sou capaz de)
puedes ________ (você pode/é capaz de)

d _oír_ (ouvir) ________ oírte puedes ________________
(Posso ouvir você) (Você pode me ouvir?)

e _llamar_ (chamar) me ________ _te llamas_
(eu me chamo) (você se chama)

2 Observe os conectivos na lista de frases. Se alguém disser *lo siento*, você pode usar duas frases da lista para responder "tudo bem". Indico uma delas a seguir; encontre a outra.

no hay problema ________________________________

3 Se você não lembrar como se diz "eu esqueci a palavra", qual frase em espanhol pode utilizar nessa situação?

____

PRATIQUE

1 **Combine novos verbos com palavras já conhecidas.**

a Eu tenho + um notebook ______________________________

b Você tem + outro computador ______________________________

c Eu acho que + você sabe ______________________________

d Eu acho que + eu posso ______________________________

e Eu posso + dizer ______________________________

f Você pode + chamar ______________________________

g Eu preciso + outro computador ______________________________

h Eu preciso + trabalhar ______________________________

i Você precisa + poder ______________________________

j Eu preciso + ter ______________________________

k Você precisa + ser ______________________________

2 **Preencha as lacunas com as respectivas palavras em espanhol.**

a *¿ __________ reiniciar tu __________?* (Você precisa reiniciar seu computador?)

b *__________ __________, __________ __________te. ¡ __________ __________ __________!*
(Se você quiser, eu posso ajudá-la. Sem problemas!)

c *__________ __________ ahora. ¿ __________ __________ ?*
(Eu consigo ouvir você agora. Você pode repetir?)

d *__________ recuerdo __________ __________.* (Eu não lembro onde está!)

e *__________ que ahora puedo __________te.* (Eu acho que consigo ver você agora!)

#LANGUAGEHACK:
Use o truque das terminações para turbinar a memorização dos gêneros das palavras

Em espanhol, as palavras são masculinas ou femininas. O gênero determina se cada palavra deve ser antecedida por *el* ou *la* ("o" ou "a") ou *un* ou *una* ("um" ou "uma"), o que influencia os adjetivos utilizados na expressão, como em *nuevo* e *nueva* (novo/a):

Feminino:	*la conversación* (a conversa)	*una mujer* (uma mulher)
Masculino:	*el tren* (o trem)	*un hombre* (um homem)

Mas por que a palavra "conversa" é feminina? No início, pode parecer que a atribuição dos gêneros é aleatória. Por exemplo, a palavra ***masculinidad*** é feminina, mas ***feminismo*** é masculina!

Não tente decorar todos os gêneros das palavras, pois acabará ficando estressado. Em vez disso, aprenda os padrões simples de atribuição do gênero.

O gênero das palavras não tem nenhuma relação com o seu conceito, seja masculino ou feminino. É a grafia e, especificamente, a terminação da palavra que determina o gênero. Resumindo, é possível deduzir o gênero de uma palavra pela sua forma escrita:

- Se uma palavra termina em *-o*, provavelmente é masculina.
  Exemplos: *el pollo* (o frango), *un beso* (um beijo), *un perro* (um cachorro), *un gato* (um gato)

- Se uma palavra termina em *-a*, provavelmente é feminina.
  Exemplos: *una idea* (uma ideia), *la diferencia* (a diferença), *la cultura* (a cultura), *la cosa* (a coisa)

- Se termina em *-e*, uma vogal acentuada (*á*, *é*, *í*, *ó*, *ú*), *-ma* ou quase todas as consoantes, geralmente é masculina.
  Exemplos: *el perfume* (o perfume/a colônia), *el sofá* (o sofá), *el programa* (o programa), *el rumor* (o boato)

- Se termina em *-d*, *-z* ou *-ión*, geralmente é feminina.
  Exemplos: *la felicidad* (a felicidade), *la nariz* (o nariz), *la conversación* (a conversa)

Sempre há exceções, mas esse truque funciona na maioria das vezes. Essa é outra situação em que **deduzir é muito produtivo**. Adote essa prática, e você quase nunca terá problemas de comunicação.

SUA VEZ: Use o hack

1 Deduza os gêneros das palavras a seguir. Preencha as lacunas com *el* ou *la*.

a ________ *universidad*	e ________ *ciudad* (cidade)	i ________ *comedia*	m ________ *fiesta*
b ________ *capitalismo*	f ________ *apartamento*	j ________ *diferencia*	n ________ *poema*
c ________ *teatro*	g ________ *paz* (paz)	k ________ *religión*	o ________ *acción*
d ________ *teléfono*	h ________ *ordenador*	l ________ *casa*	p ________ *problema*

2 Agora, você já pode responder a seguinte pergunta: por que a palavra *masculinidad* é feminina e *feminismo* é masculina?

DICA DE GRAMÁTICA: *plurais*
Se você só sabe o plural de uma palavra, alguns padrões podem ser aplicados — basta ir um pouco mais além. Quase sempre, ao remover o **s** de uma palavra, você obtém seu singular! Confira este exemplo:
dialectos → ***el dialecto***
Aqui, a palavra é masculina.
Também é fácil formar o plural das palavras terminadas em consoantes. Nesse caso, adicione -es (e, se a palavra terminar em *z*, mude para "c"). Assim, você terá: ***las actividades*** (as atividades), ***las luces*** (as luzes, de *la luz* = a luz) e ***las elecciones*** (as eleições).

JUNTE TUDO

Continue desenvolvendo o seu script!

Use pelo menos três dos verbos indicados no quadro a seguir para descrever seus aparelhos favoritos (smartphone, computador/notebook, tablet etc.). Indique algo que você queira ou precise e que, na sua opinião, seria útil para estudar espanhol. Pesquise novas palavras "pessoais" no dicionário para formular frases que você usará em conversas reais.

creo *tengo* *necesito* *pienso* *quiero*

FINALIZANDO A UNIDADE 3

Confira o que aprendeu

03.09 Releia as conversas e quando se sentir confiante:

- Ouça o áudio e transcreva a gravação.
- Pause ou repita o áudio sempre que precisar para entender as perguntas.

Mostre o que sabe...

Confira o que aprendeu na unidade. Escreva ou fale um exemplo para cada item da lista e marque os que sabe.

- [ ] Diga "olá" e "prazer em conhecê-lo".
- [ ] Dê duas frases para dizer adeus.
- [ ] Diga "entendi" e "não entendi".
- [ ] Diga algo que você tem e algo de que precisa.
- [ ] Use as frases essenciais "Você pode repetir isso?" e "Mais devagar, por favor".
- [ ] Use pronomes oblíquos em espanhol na ordem correta, como em "Você pode me ajudar?"
- [ ] Diga as palavras em espanhol correspondentes a "pessoa", "lugar" e "coisa".

COMPLETE SUA MISSÃO

É hora de completar sua missão: use seu "espanhol Tarzan" para jogar (e vencer!) o jogo de palavras. Crie frases para descrever uma pessoa, lugar ou coisa em espanhol e lance o desafio para que outras pessoas adivinhem o objeto sem saber seu nome.

Se você não sabe o que fazer, provavelmente está sofrendo da paralisia do perfeccionismo. Pare um pouco e lembre-se de que, no momento, seu script deve ser imperfeito!

PASSO 1: Crie seu script

Vamos adotar o princípio da "imperfeição" no seu script. Destaque as palavras-chave de que vai precisar em suas conversas e pesquise seu significado no dicionário, mas não se preocupe em usar uma gramática perfeita! Se encontrar uma expressão difícil, procure palavras mais simples para transmitir a mesma ideia.

Use seu "espanhol Tarzan" e as táticas de conversa indicadas na unidade para:

- Identificar descrições de pessoas, lugares e objetos
- Descrever uma pessoa utilizando uma palavra conhecida (Qual é o seu *trabajo*? Onde ela está *ahora*?)
- Descrever um objeto, dizendo se é algo que você tem (*tengo*), precisa (*necesito*), gosta ou não gosta
- Descrever um lugar, identificando as pessoas que moram nele ou algo associado ao lugar

Por exemplo, é possível dizer:

Hay ... persona ... trabajo ... en el cine ...

Muy famoso ... es un hombre ... pirata loco ... siempre decir ... ¿dónde "rum"?

Depois de escrever o script, repita as frases até se sentir confiante.

PASSO 2: A prática leva à perfeição... *online*

Superar o constrangimento de "parecer bobo" faz parte de aprender um idioma. Portanto, use o "espanhol Tarzan" para superar suas dificuldades! Quando enviar seu clipe para a comunidade, você vai se surpreender com o número de comentários positivos.

Agora é hora de completar sua missão e compartilhar uma gravação com seus colegas! Acesse a comunidade para encontrar a missão da Unidade 3 e explorar mais possibilidades com o seu "espanhol Tarzan".

É verdade! Seu desempenho melhora bastante quando você se dedica a uma tarefa! (Estudos mostram que seus resultados serão **30% melhores em relação aos seus colegas** que não praticam conversação regularmente.)

PASSO 3: Aprenda com outros estudantes

Você consegue identificar a palavra? Depois de enviar o seu clipe, confira como os outros estudantes usam o "espanhol Tarzan". **Sua tarefa consiste em participar do jogo e adivinhar as palavras descritas pelos outros participantes.** Tome nota das táticas mais inteligentes adotadas pelos estudantes e tente utilizá-las depois.

HACKEANDO:
Mude o idioma das suas preferências de pesquisa para o español
Os principais sites detectam automaticamente o idioma do usuário com base nas configurações do navegador e ajustam seu layout. Mas é possível alterar essa configuração para *español*. Se fizer isso, o idioma do seu site de busca, redes sociais e plataformas de vídeo mudará imediatamente para espanhol! Você também pode acessar google.es (e clicar em *español*) para pesquisar sites em espanhol do mundo inteiro. Mas lembre-se de digitar palavras-chave em espanhol!

PASSO 4: Avalie o que aprendeu

Sempre que usar um script, identifique as lacunas no seu aprendizado. Precisou dizer alguma palavra várias vezes e não a conhecia? Quais? Você sempre ouve uma palavra, mas ainda não sabe seu significado? Quais? Escreva no quadro a seguir!

-
-
-
-

EI, HACKER DA LINGUAGEM, VOCÊ ESTÁ COM SORTE!

Apesar do seu vocabulário limitado, você já está conversando em espanhol numa boa. Seu objetivo não é aprender todas as palavras e regras gramaticais, mas se comunicar e eventualmente ser criativo. Nessa missão, você desenvolveu habilidades muito úteis para encarar o mundo real. Na próxima unidade, aprenderá a conversar sobre seus planos para o futuro.

4 DESCREVA SEUS PLANOS PARA O FUTURO

Sua missão

Imagine que você deseja passar algumas semanas viajando pela Europa, mas só poderá ir se contar com a companhia do seu amigo espanhol para dividir os custos.

Sua missão é fazer uma oferta irrecusável! **Descreva a viagem dos seus sonhos** e convença seu amigo a ir com você. Use *vamos a...* para narrar as coisas maravilhosas que vocês farão juntos. Prepare-se para **explicar como chegarão lá e como passarão o tempo.**

Nesta missão, você vai desenvolver habilidades de conversação, falar sobre seus planos para o futuro e combinar novas sequências de frases para aperfeiçoar sua fluência em espanhol.

Treine para a missão

- Desenvolva uma tática de conversa para quebrar o gelo: *te importa si*
- Fale sobre seus futuros planos de viagem usando *voy a* + infinitivo
- Descreva seus planos em sequência: *primero*, *así/así que*, *entonces*
- Aprenda o vocabulário essencial às viagens: *puedes tomar un tren*, *ir en avión*
- Memorize o script que você provavelmente utilizará várias vezes no futuro.

APRENDENDO A PUXAR ASSUNTO NO IDIOMA

É preciso um pouco de coragem para começar a praticar seu espanhol, mas aprender a "quebrar o gelo" no início ajuda muito! Nesta unidade, você criará um script específico para iniciar conversas no idioma. Além disso, aprenderá a deixar seus diálogos mais informais e, com sorte, fará um ou dois novos amigos!

#LANGUAGEHACK
Turbine seu espanhol com esses cinco verbos auxiliares

CONVERSA 1

Desculpe, você fala espanhol?

Sarah voltou a frequentar seu grupo local de idiomas. Ela vem praticando espanhol há algumas semanas e conversa regularmente com Felipe, mas hoje pretende abordar outra pessoa e puxar conversa para ganhar confiança.

O espanhol também é conhecido como ***castellano***. Você ouvirá essa expressão com mais frequência na Espanha e na Argentina.

04.01 Quais frases Sarah usa na sua abordagem?

Sarah: Perdón, ¿hablas **español**?

Julia: ¡Sí! **Soy de Colombia.**

Sarah: ¡Guay! ¿Te importa si hablamos español juntas? Necesito practicar.

Julia: ¿Por qué no? ¡Va a ser divertido! Puedes sentarte aquí.

Sarah: ¡Gracias y mucho gusto! Soy Sarah.

Julia: Mucho gusto, soy Julia.

Sarah: Debes saber que aún soy principiante.

Julia: No **hay** problema. ¡Ya sabes decir muchas cosas!

Sarah: Gracias, pero necesito practicar mucho más español.

Julia: Bueno, ¡soy muy paciente! Así que, ¡vamos a hablar!

VOCÁBULO: *hay* — *"há, existe/existem"*
A palavra **hay** (pronunciada como "ai") é muito útil; essa expressão significa "há", "existe" e "existem" e não muda. Você pode dizer ***hay un libro*** (há um livro) e ***hay tres libros*** (há/existem três livros).

DESVENDE

1 *¿Verdadero o falso?* Escolha a resposta correta e corrija as opções falsas.

a Julia é colombiana. *verdadero / falso*

b Sarah pede a Julia para ir a um café com ela. *verdadero / falso*

c Sarah acha Julia impaciente. *verdadero / falso*

2 Na sua opinião, o que significa a palavra *juntas*? A forma da palavra mudaria se os falantes fossem homens? Como seria?

____

3 Encontre e sublinhe as frases em que:

a Julia fala para Sarah sua nacionalidade.

b Sarah pergunta a Julia se ela fala espanhol.

c Sarah pede para praticar espanhol com Julia.

d Sarah diz que precisa praticar mais.

e Julia diz "vamos conversar".

4 Encontre na conversa duas frases que você pode usar ao abordar alguém para praticar espanhol.

____

5 Encontre e destaque as palavras a seguir.

falamos gusto cosas

6 Quando alguém lhe faz um convite, como você pode responder? Encontre no texto as expressões correspondentes às frases a seguir.

a Legal! ______________ c Vai ser divertido! ______________

b Por que não? ______________ d Sem problemas! ______________

OBSERVE

04.02 Ouça o áudio e observe o quadro. Preste muita atenção em como Sarah pronuncia *si* e *aún soy principiante*.

DICA CULTURAL:
Falantes de espanhol no mundo

O espanhol é o idioma principal/oficial em mais de ***20 países*** (como a Espanha e a maior parte das Américas), mas também é falado nos países com grandes populações de imigrantes de língua espanhola. São cerca de 500 milhões de falantes no mundo! Pense no espanhol como seu passaporte para um território imenso, cheio de pessoas fascinantes.

Há muitas formas de dizer "legal" em espanhol. Você pode usar a palavra ***chévere*** na América Latina, ***guay*** na Espanha e até mesmo ***genial***.

VOCÁBULO: *juntos/juntas* (juntos/as)
Como as estudantes são mulheres, usamos a palavra *juntas*. Mas, quando falamos de um grupo formado por homens e mulheres ou apenas por homens, usamos *juntos*.

VOCÁBULO: *mucho/a* e *muchos/as*
Essa palavra tem *muchos* significados! *mucho/s* e *mucha/s* significam "muito/s, muita/s, vários/as":

- *¡Tienes mucha paciencia!*
- *¡Vive con muchos gatos!*

Expressões essenciais da Conversa 1

Espanhol	Significado
perdón	desculpe
¡guay!	legal!
¿te importa si ...	você se importa se ... (a você importa se)
... hablamos español juntas?	... praticarmos espanhol juntas?
¡va a ser divertido!	vai ser divertido!
puedes sentarte aquí	você pode sentar-se aqui
debes saber que ...	você precisa saber que...
aún soy ... principiante	ainda sou... iniciante
ya sabes ...	você já sabe...
decir muchas cosas!	(como) dizer muitas coisas!
mucho más	muito mais
¡vamos a hablar!	vamos falar!

1 Qual é a frase em espanhol correspondente a "você se importa se..."?

____

2 Que frase você pode usar para convidar alguém a se sentar?

____

3 Complete as frases a seguir usando *mucho/a, muchos/as*.

a *Hay* ________ *fiestas en España.* (Há muitas festas na Espanha?)

b *¡Quiero hablar* ________ *español hoy!*
(Quero falar muito espanhol hoje!)

c *¡Tengo* ________ *amigos!* (Eu tenho muitos amigos!)

d *Bebe* ________ *café.* (Ele toma muito café.)

4 Observe a ordem das palavras na frase *aún soy principiante*. Você viu essa estrutura com *solo* na Unidade 2 e com *ya* no quadro. Use a mesma ordem de palavras para criar frases com as palavras indicadas a seguir:

a *inglés/solo/hablo* ______________________________

b *la/como/aún/paella* ______________________________

c *estoy/casa/ya/en* ______________________________

d *estudias/libro/el/aún* ______________________________

VOCÁBULO: *ya!*
Ya é uma palavra versátil e pode ser usada como:

- "já", para expressar urgência — ***¡Quiero chocolate! ¡Ya!***
- "pare", para pedir a alguém que pare de fazer algo, p. ex., se alguém estiver lhe servindo água, mas você não quiser mais, diga ***¡Ya!***
- "é, eu sei" — ***Mañana es mi cumpleaños./ Ya. Tranquilo. Tengo tu regalo.*** (Amanhã é meu aniversário./É eu sei. Não se preocupe, comprei seu presente.)

EXPLICAÇÃO GRAMATICAL: *¿hablamos?*

Em espanhol, *nosotros* significa "nós", mas, como *yo* e *tú*, você raramente usará essa palavra. Geralmente, só utilizamos o verbo conjugado: *habla**mos*** (**nós** falamos).

A terminação do verbo (geralmente ***-mos***) indica claramente que você está falando sobre "nós", como em *vamos*, *comemos*, *viajamos* e *estudiamos*. Criar a forma verbal de *nosotros* também é muito fácil. Basta **substituir o *r*** no final do verbo no infinitivo por ***-mos***. Pronto. Feito!

Mas, se duas ou mais garotas estiverem falando, elas usarão a palavra ***nosotras***.

Exemplo:	*hablar* (falar)	→ *habla**mos*** (**nós** falamos)
	saber (saber)	→ *sabe**mos*** (**nós** sabemos)
	escribir (escrever)	→ *escribi**mos*** (**nós** escrevemos).

Essa regra se aplica à maioria dos três tipos de verbos (*-ar*, *-er* e *-ir*).

1 Agora é sua vez. Complete as frases a seguir substituindo o verbo no infinitivo pela forma de "nós".

a ____________ *mucho tiempo en España.* (pasar)
(Nós vamos passar muito tempo na Espanha.)

b ________ *que eso cuesta mucho. (creer)*
(Nós achamos que isso custa muito.)

c ________ *ahora. (venir) (Nós vamos agora.)*

d *¿Cuántas personas* ________ *aquí? (vivir)*
(Quantas pessoas moram aqui?)

e *¿Dónde* ________ *hoy? (comer)*
(Onde vamos comer hoje?)

¡Vamos!

O significado da palavra *vamos* é o mesmo em espanhol e português; essa expressão aparece sozinha ou antes de outro verbo, como em *¡Vamos a hablar!*

2 Use *vamos* para criar as frases indicadas a seguir em espanhol.

a Pedro e eu ... à praia.______________________

b ..., Marta! ______________________

c ... à sua casa! ______________________

TÁTICA DE CONVERSA: Memorize um script para situações frequentes

Muitas pessoas ficam nervosas quando falam com alguém pela primeira vez, especialmente em outro idioma. Mas se você planejar suas frases com antecedência, ficará menos ansioso. Felizmente, muitas conversas seguem um padrão parecido, o que é bastante útil para os estudantes!

Aprenda frases prontas

Você pode andar de bicicleta sem entender nada de aerodinâmica e usar um computador sem conhecer a fundo o funcionamento dos circuitos. Portanto, também pode utilizar frases em espanhol no momento certo **mesmo sem entender o significado de cada palavra** ou a regra gramatical aplicável!

Você pode usar uma frase sem saber as regras gramaticais aplicáveis a ela. Basta memorizar frases inteiras *em bloco* para utilizá-las sempre que precisar. Comece com esta frase polivalente muito útil: *Te importa si ...,* que pode ser usada em diversas situações e assuntos.

Memorize um script

Para criar um "script" pessoal que poderá utilizar várias vezes, você deve aprender frases prontas específicas e fazer combinações entre elas.

Por exemplo, em viagens, sempre ouço perguntas como "Por que você está estudando esse idioma?" e sobre meu trabalho como escritor, que não é fácil de explicar como iniciante. Mas como sei que essas perguntas serão feitas, preparo com antecedência uma boa resposta para encarar com confiança cada pergunta que surgir.

Você pode ouvir perguntas sobre suas próximas viagens ou seus motivos para estudar espanhol. Basicamente, se tiver que explicar algo ou contar uma pequena história com frequência, memorize essa informação e tenha tudo na ponta da língua assim que surgir o assunto. Veja como fazer isso.

- **Determine o que quer dizer.** Expresse a sua visão pessoal.
- **Em seguida, simplifique suas frases** e remova todas as expressões complicadas. Se puder, faça tudo em espanhol desde o início, anote as principais palavras e frases e deixe a criação do script para depois. Se não puder, inicie o script em português e traduza as frases para o espanhol.
- Quando concluir o script, **repita o texto** até memorizá-lo.

HACKEANDO: *peça para um falante nativo aprovar seu script*
Você também pode **pedir para um falante nativo revisar seu script** e aprimorar seu espanhol. É normal cometer erros quando falamos em situações reais, mas você deve corrigir suas frases antes de memorizá-las. Para encontrar falantes nativos de forma simples e gratuita, confira a seção de Recursos online.

JUNTE TUDO

1 Se você planeja visitar a Espanha, em que situações precisará perguntar *¿Te importa si ...?* Use essa expressão e seu dicionário para criar frases que utilizará fora do país em locais como:

- **Um evento social** (ex. "... se eu falar com você?")
- **Um parque** (ex. "'... se eu tocar no cachorro?")
- **Um café** (ex. "... se eu sentar aqui?")
- **Na casa de alguém** (ex. "... se eu entrar?").

2 **Escolha uma das seguintes situações e crie um pequeno script para se preparar com antecedência.**

É uma excelente ideia ter frases como essas no seu repertório, pois são muito frequentes. Talvez você já conheça algumas, mas prepare uma boa resposta para cada uma dessas perguntas.

- **Situação 1**: Alguém que fala espanhol descobre que você estuda o idioma. (Para essa situação, costumo preparar algumas frases como: "Ah, você fala espanhol!", "Ainda sou iniciante" e "Estudo espanhol há...")
- **Situação 2**: Alguém pede para você contar uma pequena história ou pergunta por que você está estudando espanhol. (Nesse caso, diga algo como: "Eu acho o idioma lindo" ou "Um dia, espero ir à Espanha.")
- **Situação 3**: Você precisa parar alguém na rua para fazer uma pergunta em espanhol. (Como a educação faz milagres, diga "desculpe" ou "com licença" e, em seguida, algo como "você se importa se eu fizer uma pergunta?")

CONVERSA 2

Aonde você vai?

04.03 Qual frase Julia usa para perguntar "Você viaja muito?"

Julia: ¿Desde hace cuánto tiempo estás en Madrid? ¿Viajas mucho?

Sarah: No mucho … Estoy aquí en Madrid desde hace *unos* meses.

Julia: Debes visitar Barcelona. Puedes tomar un tren mañana si quieres y pasar el fin de semana allí.

Sarah: ¡Es una idea genial! Quizás el próximo fin de semana. **Este finde** no tengo 'tempo'.

Julia: ¿Quieres decir que no tienes 'tiempo'?

Sarah: Exacto, sí. Perdona.

Julia: ¡No pasa nada! Yo debo viajar más. Quiero ver otras ciudades de España, como Valencia y Murcia. ¡Es ahora o nunca!

Sarah: ¡Claro!

Como Sarah e Julia estão visitando Madri, as conversas tendem naturalmente a tratar de viagens. Na verdade, ao aprender um novo idioma, você provavelmente ouvirá perguntas (ou perguntará a outra pessoa) sobre viagens para outros lugares.

DICA DE GRAMÁTICA: *"isto" e "aquilo"*
Como já vimos muitas palavras que podem significar "isto" e "aquilo", talvez você esteja se perguntando: "Qual é a palavra certa?" Basicamente, *est_* é "isto" e *es_* é "aquilo". A vogal final pode ser *e* ou *a*, se o objeto for masculino ou feminino, e *o*, quando a palavra aparece só.

Tengo este trabajo y esta casa. (Eu tenho este trabalho e esta casa.)
¡Yo quiero eso! (Eu quero aquilo!)

DESVENDE

1 Use o contexto e as palavras que já a sabe para responder as perguntas a seguir:
- a Que lugar Julia sugere que Sarah visite? ______
- b Quais outras cidades Julia quer ver? ______
- c Que palavra Sarah pronuncia errado? ______

2 Destaque as frases a seguir na conversa e escreva-as aqui em espanhol.
- a Desde quando você está em Madri? ______
- b Há alguns meses ______

3 A palavra *ciudad* é masculina ou feminina? Por quê?

4 Deduza o significado das frases a seguir.
- a *pasar el fin de semana* ______
- b *el próximo fin de semana* ______
- c *¡Claro!* ______

5 Associe as palavras em espanhol indicadas a seguir com os significados no quadro.

1 tempo	2 outro	3 nunca	4 como	5 mais	6 para	7 exatamente

a *como*
b *nunca*
c *tiempo*
d *por*
e *más*
f *otra*
g *exacto*

DICA DE GRAMÁTICA: *unos* e *unas* (*algumas*)
Para dizer "alguns" (e fazer referência a quantidades indeterminadas), basta colocar *uno/a* no plural:
un mes ⟶ *unos meses* (alguns meses)
una hora ⟶ *unas horas* (algumas horas).

OBSERVE

04.04 Ouça o áudio e observe o quadro.

Expressões essenciais da Conversa 2

Espanhol	Significado
¿desde hace cuánto tiempo estás ...?	há quanto tempo você...?
¿viajas mucho?	você viaja muito?
unos meses	alguns (durante alguns) meses
debes ...	você deveria
... visitar	... visitar
... tomar un tren	... pegue um trem
pasar el fin de semana allí	passar o fim de semana lá
quizás este finde	talvez neste fim de semana
¿quieres decir que ...?	você quer dizer que...?
no tienes tiempo	você não tem tempo
debo viajar más	eu deveria viajar mais
... ver otras ciudades	... ver outras cidades
es ahora o nunca	é agora ou nunca!
¡claro!	Claro!

Finde é uma gíria comum para ***fin de semana***! As duas expressões têm o mesmo significado.

Em espanhol, "você quer dizer..." é ***quieres decir***... Use essa expressão quando estiver aprendendo e for corrigido por outras pessoas. Você também pode dizer ***quiero decir*** para pedir uma explicação sobre algo que ouviu.

1 Escreva as expressões a seguir em espanhol.

a algumas cidades ____________________

b Não há tempo ____________________

c Há alguns amigos que quero ver!

____

2 **Preencha as lacunas a seguir com as formas correspondentes a cada expressão.**

a ________ *fin de semana* (o fim de semana)

b ________ *finde* (este fim de semana)

c *el* ________ *finde* (próximo fim de semana)

d *el fin de semana* ________ (último fim de semana)

3 **Quais expressões você pode usar para:**

a Recomendar um lugar para que alguém visite?

____

b Corrigir-se em espanhol falando "quer dizer..."?

____

c Perguntar "Você quer dizer..."

____

4 **Associe as palavras em espanhol a seguir e suas respectivas traduções.**

a *trabajas*	1 você deve visitar
b *voy a decir*	2 você pode pegar
c *debes visitar*	3 você viaja
d *quiero ver*	4 você trabalha
e *viajas*	5 eu vou dizer
f *debo viajar más*	6 eu quero ver
g *puedes tomar*	7 eu devo viajar mais

5 **Escolha a forma correta do verbo em espanhol e escreva as frases indicadas.**

a *Debo/Debes/Deber* ________________________________.
(Você deve pegar o trem no próximo fim de semana.)

b ________ *paso/pasas/pasar* ________________________.
(Eu gosto de passar tempo em Toledo.)

c *¿Viajo/Viajas/Viajar* ______________________________?
(Você viaja muito?)

d ________ *veo/ves/ver el Alcázar* ____________________.
(Vamos ver o Alcázar amanhã.)

e ________ *visito/visitas/visitar* ______________________.
(Eu quero visitar Columbia.)

f *Tomo/Tomas/Tomar un taxi* _________________________.
(Eu pego um táxi na cidade.)

EXPLICAÇÃO DE PRONÚNCIA: Hackeie os sons

Quando comecei a estudar espanhol, eu tinha certeza de que sempre teria um forte sotaque estrangeiro. Mas, depois de um tempo, virei o jogo e várias vezes fui confundido com um falante nativo!

Para chegar a esse nível, não tentei dominar os sons desde o início, mas me esforcei em ser *bom o suficiente* e aceitar as dificuldades iniciais enfrentadas por todo iniciante.

Você pode melhorar sua pronúncia praticando muito e com determinação, participando de muitas conversas com falantes nativos e priorizando pequenas melhorias em vez de um único avanço expressivo. **Tente usar essas dicas de pronúncia aproximada** agora e lembre-se delas quando estiver falando, sem esquecer de desenvolver seu sotaque com o tempo. Não fique tímido com sua pronúncia!

j O *j* espanhol é pronunciado como um *h* aspirado na América Latina, mas, na Espanha, ele tem um som mais forte, como o de um "r" mais fechado. Você vai usar esse mesmo som para *-ge-* e *-gi-* (em palavras como *general*).

1 **04.05** Ouça o áudio e repita as palavras em voz alta. Você vai ouvir uma sílaba e, depois de uma pausa, a palavra inteira.
jardin, juan, genial, japonés, viajo

V Você provavelmente notou que o *b* e o *v* costumam ter a mesma pronúncia em espanhol. O som exato está entre as duas letras, mas, por enquanto, pronuncie ambos como um *b*; todos o compreenderão.

2 **04.06** Ouça o áudio e repita as palavras em voz alta.
vale, verdad, vocabulario, vivir, bueno

rr Já vimos a pronúncia do *r* simples, mas a do *r* duplo é mais difícil de explicar. Tive aulas diárias de alguns minutos com um falante nativo bastante paciente e acabei aprendendo. Nada supera uma conversa com um nativo para melhorar sua pronúncia! Você vai ouvir esse som em palavras como *carro* e nas iniciadas com *r*, como *roto* (quebrado).

No início, eu só usava o *r* simples, e as pessoas sempre me compreendiam!

3 **04.07** Ouça o áudio e repita as palavras em voz alta.
radio, respeto, ruso, barril, ferry

EXPLICAÇÃO GRAMATICAL: para

Em espanhol, se quiser explicar por que está fazendo algo, use a palavra *para*, como em português. Pense em *para* como "com o objetivo de":

Quiero visitarte este año.	*Voy a España **para** visitarte este año.*
(Eu quero visitá-lo este ano.)	(Eu vou à Espanha **com o objetivo de/para** visitá-lo este ano.)

Exemplos:

*Estoy aquí **para** hablar con españoles.*
(Eu estou aqui **com o objetivo de/para** falar com espanhóis.)
*Voy al cine **para** ver la película.*
(Eu vou ao cinema **com o objetivo de/para** ver o filme.)
*Leo el libro **para** aprender cómo hacerlo.*
(Eu leio o livro **com o objetivo de/para** aprender como fazê-lo.)
Me gusta hablar español con ella.
(Eu gosto de falar espanhol com ela.)

1 Escolha *para* ou a linha em branco nas frases a seguir, com base no que aprendeu.

a *Voy a España* (**para/____**) *aprender español.*
(Eu vou à Espanha **para/____** aprender espanhol.)

b *Me encanta* (**para/____**) *oír el acento argentino en español.*
(Adoro **para/____** ouvir o sotaque argentino no espanhol.)

c *Estoy en la escuela* (**para/____**) *aprender.*
(Eu estou na escola **para/____** aprender.)

d *Prefiero* (**para/____**) *comer en casa.*
(Eu prefiro **para/____** comer em casa.)

Confira o quadro a seguir com um vocabulário extra que pode ser utilizado para falar sobre planos de viagem.

Você também pode dizer "voar" ou "dirigir", mas ainda não vimos as formas verbais correspondentes em espanhol. Portanto, **reformule as frases** usando *ir...* Essa é uma habilidade valiosa no estudo de idiomas!

Vocabulário de viagem

Espanhol	Significado	Espanhol	Significado
tomar ...	pegar...	ir en ...	ir de...
el tren	o trem	avión	avião
el autobús	o ônibus	tren	trem
el metro	o metrô	coche/carro	carro
un taxi	um táxi	bicicleta	bicicleta

VOCÁBULO: *coche*
Diga ***coche*** na Espanha, mas, nos outros países de língua espanhola, fale ***carro***.

PRATIQUE

1 Preencha as lacunas a seguir com as respectivas palavras em espanhol.

a ________ ________ *la Azotea de Bellas Artes* ________ ________ *toda* ________ ________ *de Madrid.* (**Você deve visitar** a Azotea de Bellas Artes para **ver** toda **a cidade** de Madri.)

b *¿Es posible* ________ ________ ________ *entre las ciudades en España?* (É possível **ir de carro** de uma cidade a outra na Espanha?)

c *Quiero* ________ *a otras ciudades* ________ *Valencia* ________ *Murcia!* (Eu quero **ir** a outras cidades **como** Valencia **e** Murcia!)

d ________ ________ *a Italia,* ________ *tomar el tren.* (**Para ir** à Itália, **você deve** pegar o trem.)

e *¿Debo* ________ ________ ________ ________ *es mejor* ________ ________ ________?
(Devo **ir de avião ou** é melhor **ir de trem**?)

f *¿Por qué* ________ ________ ________? *¡* ________ *muchas razones!*
(Por que **ir de bicicleta? Há** muitos motivos!)

2 Indique as formas verbais correspondentes ao vocabulário.

a Eu vou pegar o trem.
____

b Eu vou de carro.
____

c Nós vamos pegar um táxi?
____

d Você vai de avião.
____

3 **Crie frases usando as palavras e frases indicadas a seguir e seu vocabulário pessoal.**

a Quando eu for à Espanha, vou fazer muitas coisas! ______

b Eu gostaria de visitar minha irmã. ______

c Eu acho que vamos pegar o trem. ______

d Eu quero ver a arquitetura, visitar os museus e ir a restaurantes... ______

e Eu sei que vai ser muito divertido! ______

JUNTE TUDO

1 **Leia as perguntas a seguir e responda de acordo com seu ponto de vista. Use o dicionário para procurar o vocabulário pessoal necessário.**

a *¿Viajas mucho?* Viajo ______.
... ¿O un poco? ¿O nunca?

b *¿Dónde vas en tu próximo viaje?* Voy a ______.

c *¿Por cuánto tiempo?* Voy por ______.

d *¿Cuándo vas?* Voy ______.
... ¿Este mes? ¿El próximo año?

e *¿Cómo vas?* ______.
... ¿Vas en coche? ¿Vas en avión?

CONVERSA 3

O que você vai fazer no fim de semana?

Sarah e Julia estão conversando sobre seus planos para o fim de semana.

04.08 Observe como as expressões *voy a* e *vas a* são usadas para falar sobre planos para o futuro. Que expressão Julia utiliza para perguntar "O que você vai fazer?"

Julia: Entonces, ¿qué vas a hacer en Barcelona?

Sarah: Primero, voy a ver la arquitectura de Gaudí, **como** la Sagrada Familia. Luego voy al restaurante Duran, para comer en el lugar favorito de Dalí. Después voy a visitar la Rambla, para ver el Mercado de la Boquería. Y voy a hablar español con **todo el mundo**, por supuesto.

Julia: ¡Increíble! ¡Vas a estar ocupada! Quiero hacer eso también, ¿puedo ir contigo?

Sarah: ¡Sí, genial! ¡Podemos descubrir la ciudad juntas! ¿Cuándo vamos?

Julia: Creo que estoy libre el próximo fin de semana, pero aún no lo sé. ¿Puedo llamarte el lunes?

Sarah: Sí, aquí tienes mi número. ¿Necesitas también mi dirección de email?

Julia: Sí, ¿por qué no? ... ¡Gracias! ¡Hasta el lunes!

VOCÁBULO: *como* e *cómo*
Essa palavra parece bastante com **cómo** (de que forma), mas tem um acento importante. Sem ele, a palavra significa "como" (da mesma maneira que) e até pode ser a resposta para uma pergunta! ***¿Cómo hablas? Pues, como un español, ¡claro!***

VOCÁBULO: *todo el mundo* (*todo mundo*)
Adoro essa expressão espanhola. Em vez de se referirem apenas a quem está por perto, eles falam sobre "todo o mundo", sem deixar ninguém de fora.

DESVENDE

1 *¿Verdadero o falso?* As frases a seguir são verdadeiras ou falsas? Marque as respostas corretas e corrija as erradas.

- a A primeira coisa que Sarah vai fazer é ver a Sagrada Familia. v / f
- b Depois da Sagrada Familia, Sarah vai ao restaurante Duran. v / f
- c Sarah vai praticar espanhol com todo mundo quando for à Rambla. v / f
- d Sarah quer ir à Rambla para fazer compras no mercado. v / f
- e Sarah acha que está livre na próxima semana, mas ainda não sabe. v / f
- f Julia vai ligar para Sarah na quinta-feira. v / f

2 Responda as perguntas a seguir em espanhol.

- a Por que Sarah vai à Rambla?
  Para ______________________________
- b Por que Sarah vai ao restaurante Duran?
  Para ______________________________

3 Qual é o significado das frases a seguir?

- a *aquí tienes mi número* ______________________________
- b *el lugar favorito de Dalí* ______________________________
- c *vas a estar ocupada* ______________________________

4 Destaque as frases correspondentes em espanhol e as escreva aqui.

- a O que você vai fazer em Barcelona? ______________________________
- b Eu quero fazer as mesmas coisas. ______________________________

OBSERVE

04.09 Ouça o áudio e observe o quadro.

VOCÁBULO: *as palavras combinadas contigo* e *al*
No diálogo, vimos alguns exemplos importantes de palavras criadas pela combinação de outras duas, como: ***contigo*** ("com + você"), ***conmigo*** ("com + eu") e ***al***, a combinação de ***a*** + ***el*** ("a + o"). (Observe que isso ocorre com ***el*** (m), mas não com ***la***, o artigo feminino.)

Expressões essenciais da Conversa 3

Espanha	Significado
¿qué vas a hacer?	o que você vai fazer?
primero, voy a ver	primeiro, eu vou
como	como
luego voy ...	depois, vou ver...
para comer	(com o objetivo de) para comer
ver el mercado	ver o mercado
el lugar favorito	o lugar preferido
después	depois
con todo el mundo	com todo mundo
vas a estar ocupada	você vai estar ocupada
también	também
¿puedo ir contigo?	posso ir com você?
podemos descubrir	podemos descobrir
estoy libre	eu estou livre
no lo sé	eu não sei
aquí tienes mi número	aqui está meu número (de telefone)
¿necesitas mi dirección de email?	você precisa do meu endereço de e-mail?

1 **Encontre no quadro as expressões correspondentes a "primeiro", "depois" e "em seguida".**

a primeiro ____________ b depois ____________ c em seguida ____________

2 **Como se diz em espanhol:**

a Eu vou ver____________ c você vai ver ____________
b você vai? ____________ d você é? ____________

3 **Quais frases você pode usar para ...**

a Dar seu telefone ou e-mail para alguém?

____________ ____________

b Pedir o telefone ou e-mail de alguém?

____________ ____________

PRATIQUE

1 Preencha as lacunas a seguir com as respectivas palavras em espanhol.

a *Voy a* __________ *mi* __________ .
(Eu vou **lhe dar** o meu **número**.)

b __________ *voy a* __________ __________ , *¡pero* __________ __________ __________ *finde!*
(**Amanhã** eu vou **estar ocupada**, mas **eu estou livre neste** fim de semana!)

c *No* __________ __________ *lo* __________ *... espera ... ¡* __________ __________*!*
(Eu **ainda** não o **vejo**... espere ... **aqui está**!)

d __________ *no puedo ir, ¿qué* __________ ____ __________*?* (**Se** eu não puder ir, o que **eu vou fazer**?)

e *Voy a la cafetería* __________ *ver a* __________ __________ __________ . *¿Quieres venir* __________*?*
(Eu vou ao café **para** ver **todo mundo**. Você quer vir **comigo**?)

f *¿*__________ __________ __________ __________ *el autobús* __________*?*
(**Você se importa se pegarmos** o ônibus **juntos**?)

2 Associe as frases em espanhol a seguir com as traduções correspondentes.

a *¿Puedo llamarte?*
b *¿Puedes escribirme un email?*
c *¿Puedo enviarte un mensaje?*
d *¿Puedes llamarme?*
e *¿Puedo escribirte un email?*
f *¿Puedes enviarme un mensaje?*

1 Você pode me enviar um e-mail?
2 Posso lhe enviar uma mensagem?
3 Posso lhe telefonar?
4 Você pode me enviar uma mensagem?
5 Posso lhe enviar um e-mail?
6 Você pode me ligar?

3 Use o que aprendeu até aqui e crie frases sobre viagens em espanhol.

a Eu quero viajar para o México. __________

b Onde eu devo passar meu tempo? __________

c Você já não sabe? __________

d Não ... Você acha que pode me ajudar?

____

e Claro! Primeiro, você pode se sentar comigo.

____

f Vamos comer, e eu lhe contarei qual é meu lugar favorito!

____

#LANGUAGEHACK:
Turbine seu espanhol com esses cinco verbos auxiliares

Observe que, para falar espanhol corretamente, é necessário aprender a conjugar os verbos em diversas pessoas (*yo, tú, nosotros etc.).* Porém, lembre-se de que até agora só vimos o presente. Os tempos futuro e passado vão complicar ainda mais as coisas. Às vezes, especialmente quando estamos começando, isso pode parecer assustador!

Mas fique tranquilo! Com o tempo, você aprenderá a lidar até mesmo com as formas verbais mais complexas. Por ora, confira esse truque prático que facilita bastante o estudo das conjugações. Deixe o trabalho pesado para os cinco **verbos "auxiliares"** a seguir e suas respectivas formas. Basta complementá-los com o infinitivo de outro verbo.

verbo auxiliar + **infinitivo**

Me gusta para interesses

Imagine que você queira dizer "Eu saio todo fim de semana", mas não conhece a forma correspondente a *yo* de *salir* (sair). Nesse caso, você pode usar a forma ***me gusta*** ou ***te gusta*** como verbo auxiliar.
Lembre-se da primeira missão, em que você usou a estrutura *me gusta* + verbo para descrever seus interesses. Agora, combine o verbo no infinitivo (*salir*) com *me gusta* para expressar a mesma ideia:

Me gusta	+	***salir***	→	*cada fin de semana.*
(eu gosto)	+	(sair)	→	(todo fim de semana)
verbo auxiliar	+	**infinitivo**		

Voy para planos para o futuro

Para falar sobre o futuro próximo, você pode utilizar uma fórmula parecida com a que empregamos em português:

Voy a …	*Vas a …*	*Vamos a …*
(Eu vou…)	(Você vai…)	(Nós vamos…)

Da mesma forma, para usar esse "futuro", basta colocar o infinitivo do verbo após *voy a*, *vas a* ou *vamos a*:

Voy a ***comer.***	**Eu vou comer.**
Voy a ***tomar*** *el tren.*	**Eu vou pegar** o trem.
Vamos a ***trabajar.***	**Nós vamos trabalhar.**
No vas a ***estudiar.***	**Você** não **vai estudar.**

Quiero para intenções

Descreva suas intenções usando *quiero*

***Quiero ver** la película.*	**Eu quero ver** o filme.
*¿**Quieres hablar** mañana?*	**Você quer falar** amanhã?

Tengo que para obrigações

Com esse verbo, expressamos quando "devemos" ou "temos" que fazer algo. Por exemplo, em vez de "Eu vou amanhã", é possível dizer:

***Tengo que venir** mañana.*	**Eu tenho que vir** amanhã.
***Tienes que ir** en coche.*	**Você tem que ir** de carro.

Puedo para possibilidades

Por fim, use esse verbo para indicar que você "pode" ou "é capaz de" fazer algo. Por exemplo, pode ser bem difícil conjugar o verbo *decir* (dizer), mas você pode dizer:

*¿**Puedo decir** la respuesta?*	**Eu posso dizer** a resposta?
*¿**Puedo llamar** a Pablo?*	**Eu posso chamar** o Pablo?

SUA VEZ: Use o hack

DICA CULTURAL: *mañana*
Mañana significa "amanhã", "manhã" ou, mais vagamente, "hoje não, talvez depois" e "mais tarde resolvo isso". O tempo é relativo; pelo menos, é o que parece! Essa atitude de "deixar tudo para *mañana*" é um aspecto divertido da cultura espanhola/latina!

1 Use a estrutura *voy a* + verbo para criar frases que expressem ações futuras.

a Eu vou estar ocupado! ______________________

b Eu vou fazer muitas coisas. ______________________

c Você vai me ligar amanhã? ______________________

d Você vai comer comigo? ______________________

e Eu não vou viajar para Bogotá. ______________________

2 Combine os verbos auxiliares que acabou de aprender com os verbos no infinitivo a seguir para criar frases em espanhol a partir das respectivas traduções em português.

a ______________ *mañana.* (Eu vou trabalhar amanhã.) (*trabajar* = trabalhar)

b ______________ *mucho en español.* (Eu falo muitas coisas em espanhol.) (*decir* = dizer)

c ______________ *el café brasileño.* (Eu tomo café brasileiro.) (*beber* = tomar)

3 Traduza as frases a seguir para o espanhol:

a Você não está muito ocupada. ____________________

b Você vai estar muito ocupado. ____________________

c Você vai falar espanhol. ____________________

d Nós vamos viajar para Madri. ____________________

e Pablo vai para a Irlanda. ____________________

f Sarah não vai visitar Berlim. ____________________

JUNTE TUDO

1 *¿Sabes que voy a tener vacaciones la próxima semana?* Agora que já aprendeu a falar sobre seus planos (ou sonhos) de viagem, use as expressões da Conversa 3 para descrever o que vai fazer quando chegar a seu lugar de destino. Pesquise no dicionário mais verbos e outras palavras para incrementar seu vocabulário "pessoal.

Escreva sobre:

- O que vai fazer primeiro (*Primero, voy a …*)
- O que vai fazer depois (*Entonces, voy a …*)
- Quais locais vai visitar (*Voy a visitar …*)
- Onde pretende ir para comer ou beber (*Para comer / beber, voy a …*)
- Algo que deseja ver (*Quiero ver ..., Voy a ver …*).

2 Agora, imagine que você encontrou alguém com quem gostaria de conversar mais tarde. Elabore duas frases:

- Diga a essa pessoa como entrar em contato com você (*Aquí tienes ...*)
- Peça a ela para ligar, enviar uma mensagem ou e-mail amanhã (*¿Puedes ...?*).

FINALIZANDO A UNIDADE 4

Confira o que aprendeu

Confira se entendeu o áudio pela transcrição disponível online!

04.10 Ouça o áudio de treino com perguntas em espanhol e use o que aprendeu na unidade para responder as perguntas em espanhol com informações sobre a sua vida.

Mostre o que sabe...

Confira o que acabou de aprender. Escreva ou fale um exemplo para cada item e marque os que sabe.

- [ ] Faça uma pergunta educada usando "Você se importa se...?'
- [ ] Use *voy a* + infinitivo para falar sobre algo que vai fazer...
- [ ] Amanhã
- [ ] Neste fim de semana
- [ ] No ano que vem.

Elabore duas frases usando as palavras em espanhol correspondentes a...

- [ ] "ainda"
- [ ] e "já".
- [ ] Crie uma frase usando *para* no sentido de ir a algum lugar "com o objetivo de" fazer algo.
- [ ] Indique três formas de viajar em espanhol.

Elabore uma descrição dos seus planos com as seguintes palavras...

- [ ] *primero*
- [ ] *después*
- [ ] e *próximo*.

COMPLETE SUA MISSÃO

É hora de completar sua missão: convença seu amigo a ir com você em suas férias dos sonhos. Para tanto, precisará descrever a viagem usando as formas *yo* e *tú* para dizer como você e ele passariam o tempo.

Viagens são um assunto popular entre estudantes de idiomas. Portanto, dedique uma atenção especial ao desenvolver esse script.

PASSO 1: Crie seu script

¿Qué vas a hacer en España/México/Colombia/Argentina ...?

Crie um script para descrever seus planos de viagem para outros hackers da linguagem. Tente incorporar muitas palavras e frases novas: *ya*, *pasar el finde*, *quizás* etc. Diga:

- Aonde você vai
- O que pretende fazer quando chegar lá (cite, por exemplo, monumentos conhecidos ou atrações turísticas, o que irá comer ou beber etc.)
- O que vai visitar primeiro (qual local você está mais animado para explorar?)
- Quando vai e por quanto tempo pretende ficar lá
- Como vai chegar lá e como pretende se locomover no local
- Com quem pretende viajar.

Depois de escrever o script, repita as frases até se sentir confiante.

DICA CULTURAL:
Conheça antes de ir!
Esse é um bom momento para pesquisar e expandir seu script. Há muitas cidades bonitas na Espanha, no México, na Colômbia, na Argentina e em outras regiões do mundo em que se fala espanhol. **Pesquise locais para visitar** e coisas para fazer no lugar de destino. Em seguida, diga aos outros hackers da linguagem quais são os principais atrativos do lugar que você escolheu!
Se puder, converse com alguém que more na região para obter dicas.

PASSO 2: Feedback e aprendizagem... *online*

Quando surge uma oportunidade na vida real, nem sempre temos acesso às nossas anotações. Portanto, memorize seu script para que ele fique na ponta da língua. Leia e releia até fixar tudo!

Dessa vez, não leia o script quando gravar o clipe! Fale as frases voltado para a câmera, consultando pequenas notas ou, melhor, repetindo o script de cabeça.

Troque feedbak com outros estudantes; seu espanhol vai melhorar muito!

Seus colegas de estudo podem ser um ótimo canal para obter dicas e ouvir histórias sobre viagens e culturas. Além disso, planos de viagem são uma excelente forma de puxar conversa.

PASSO 3: Aprenda com outros estudantes

Como os outros hackers da linguagem descrevem seus sonhos e planos de viagem? Depois de enviar seu clipe, sua tarefa será trocar feedback e promover uma votação para escolher a viagem mais interessante. Diga o que chamou sua atenção no lugar e no plano em questão.

PASSO 4: Avalie o que aprendeu

Nessa missão, você leu e ouviu diversas palavras e frases úteis e aprendeu sobre lugares novos e diferentes que pode visitar. Gostaria de acrescentar algo mais ao seu script, como seus planos de viagem?

EI, HACKER DA LINGUAGEM, VOCÊ JÁ FALA MUITO ESPANHOL!

Tudo fica muito mais fácil quando você já sabe o que dizer. Em grande parte, o estudo de idiomas se baseia em conversas que podem ser reproduzidas e, às vezes, antecipadas. Então, aproveite isso e prepare suas respostas para as perguntas mais frequentes. Você terá muito mais confiança no seu domínio do idioma!

A seguir, vamos criar novas frases para você falar sobre seus amigos e sua família e incluir no seu script.

¡Fantástico!

5 FALE SOBRE SUA FAMÍLIA E SEUS AMIGOS

Sua missão

Imagine que alguém do seu círculo social tem uma queda pelo seu *amigo(a)* espanhol(a) e pede para você bancar o cupido.

Sua missão é falar casualmente sobre sua amiga, despertar o interesse de *tu amigo español* e marcar um encontro! Prepare-se para **descrever sua relação** com o amigo em questão: **como vocês se conheceram, onde ele mora e trabalha** e quais são **suas atividades favoritas**.

O objetivo desta missão é desenvolver suas habilidades descritivas e sua capacidade de falar sobre outras pessoas utilizando novas formas verbais.

Treine para a missão

- Refira-se a "ele" e "ela" usando *él/ella*
- Refira-se a "eles" e "elas" usando *ellos*
- Formule frases para descrever atividades que você realiza com outras pessoas: *paso el tiempo*, *nosotros*, *juntos* ...
- Aprenda o vocabulário essencial para se referir à sua família: *el marido*, *la hermana* ...
- Use os verbos *saber* e *conocer*.

APRENDENDO A DESCREVER PESSOAS PRÓXIMAS NO IDIOMA

Até aqui, as conversas geralmente abordaram descrições com os pronomes *yo*, *tú* e *nosotros*. Nesta unidade, vamos desenvolver um vocabulário especial para falar sobre outras pessoas.

#LANGUAGEHACK

Aprenda padrões para decifrar verbos novos e suas formas

CONVERSA 1

Quais são seus planos?

Sarah já assiste a aulas de espanhol pela internet há algumas semanas. Hoje, ela está praticando com María, uma professora de espanhol que mora no México. Sarah está animada para falar sobre sua nova amiga do grupo de idiomas.

05.01 Observe como María cumprimenta Sarah. Qual frase ela utiliza para dizer "alguma novidade"?

HACKEANDO:
Reformule frases para preencher lacunas no seu vocabulário
Muitas vezes, é possível reformular uma frase para evitar expressões que você não conhece e usar palavras e regras gramaticais conhecidas. Aqui, María diz: ***¿Qué va a hacer contigo?*** (O que ela vai fazer com você?) em vez de *¿Qué van a hacer?* (O que vocês duas vão fazer?), cuja estrutura veremos mais adiante.

María: ¡Hola Sarah, mi estudiante favorita! ¿Cómo te va?

Sarah: ¡Súper bien! De hecho, esta semana paso tiempo con una amiga nueva.

María: Me alegro de oír eso. ¿Quién es? ¿Cómo se llama?

Sarah: Se llama Julia. Es de Colombia. Trabaja como ingeniera. La conozco de mi grupo de idiomas.

María: Y ¿cuánto tiempo pasa en la ciudad? **¿Qué va a hacer contigo?**

Sarah: Solo está en Madrid este mes. Mañana vamos a un bar de tapas. Después, planeamos pasar el finde juntas explorando Barcelona.

María: ¡Mi marido es de Barcelona! Le encanta. Visitamos **su ciudad** cada verano.

Em espanhol, a expressão equivalente a "sua cidade natal" é ***su ciudad*** (sua cidade). *Su* pode significar "seu" ou "sua", de acordo com o contexto. *¿Dónde está tu ciudad?*

DESVENDE

1 Qual é o significado da frase: *¿Quién es? ¿Cómo se llama?*

____________________ ____________________

2 Três das afirmativas a seguir são falsas. Marque a resposta correta e corrija as erradas.

a Julia é a aluna favorita de María.

______

b Amanhã, Sarah e Julia vão a um bar de tapas.

______

c Julia é professora.

______

d Julia vai passar vários meses em Madri.

______

e Neste fim de semana, Sarah vai explorar Barcelona com Julia.

______

3 Você aprendeu muitas palavras que indicam o *momento* em que algo acontece. Encontre as expressões a seguir e as escreva aqui.

a esta semana

______

b próximo fim de semana

______

c amanhã

______

d depois disso

______

e todo verão

______

4 Escreva as frases a seguir em espanhol:

a Alguma novidade?

______

b Quem?

______

c minha aluna favorita

______

d na verdade

______

e Todo ano

______

f Estou feliz por

______

OBSERVE

Pasar significa "passar tempo" fazendo alguma atividade.

VOCÁBULO: *quem você "conhece"*
Conozco é uma forma verbal muito útil em espanhol para expressar que você "conhece alguém". Mais sobre isso na Conversa 2!

DICA DE GRAMÁTICA: *-ando/-iendo*
Já vimos a expressão *aprendo* (eu aprendo), mas você também pode usar o verbo *estar* e formar o gerúndio do outro verbo, alterando o infinitivo com as terminações ***-ando*** (na maioria dos verbos terminados em *-ar*) ou ***-iendo*** (em muitos dos verbos terminados em *-er/-ir*), como em *estoy hablando* (estou falando) e *estoy comiendo* (estou comendo). Isso também se aplica ao verbo *pasar (tiempo) x-ndo* (passar tempo x-ndo), que, nesse caso, é *explorando*.

05.02 Ouça o áudio e observe o quadro. Destaque as frases que você usará em suas conversas.

Expressões essenciais da Conversa 1

Espanhol	Significado
¿cómo te va?	como vai?
¡súper bien!	muito bem!
de hecho ...	na verdade...
paso/pasa tiempo	eu passo/ela passa tempo
me alegro de ...	fico contente em
¿quién es?	quem é?
¿cómo se llama?	qual é o nome dela?
es de Colombia	ela é colombiana
trabaja como ...	ela trabalha como...
la conozco de ...	eu a conheço do...
¿qué va a hacer?	o que ela/ele vai fazer?
está en Madrid este mes	ele/ela está em Madri este mês
después	depois (em seguida)
planeamos pasar el finde juntas explorando ...	planejamos passar o fim de semana juntas explorando...
mi marido es de ...	meu marido é de...
le encanta	ele adora

1 A expressão *me alegro de* (fico contente em) também é polivalente. Use essa estrutura em diferentes combinações com os verbos a seguir.

Exemplo: saber que Me alegro de saber eso.

a ver ______

b estar (em um lugar) ______

c dizer ______

2 Essa conversa apresenta as formas verbais correspondentes a "ele" e "ela" em espanhol. Destaque seis exemplos dessas formas verbais na conversa.

3 Encontre os verbos indicados e os escreva a seguir:

a ele é/está ____________________

b ela é/está ____________________

c nós vamos ____________________

d nós visitamos ____________________

4 Essa conversa contém novas expressões para descrever planos envolvendo atividades com outras pessoas. Encontre as expressões indicadas e escreva-as a seguir.

a eu passo um tempo ____________________

b nós planejamos ____________________

c Nós vamos passar o fim de semana ____________________

5 Complete as frases a seguir com as formas corretas de *pasar* e *gastar*.

a ____________ *mi dinero en videojuegos.*
(Eu .... meu dinheiro em videogames.)

b *Vamos a* ____________ *el fin de semana en tu casa.*
(Nós vamos .... o fim de semana na sua casa.)

c *María* ____________ *el día con Daniel.*
(Maria vai .... o dia com Daniel.)

d *Vas a* ____________ *mucho en el restaurante. ¡Es muy caro!*
(Você vai .... muito no restaurante. Ele é muito caro!)

e *Yo* ____________ *el tiempo en mi habitación.* (Eu .... tempo no meu quarto.)

6 Com base na posição do pronome correspondente a "ela" em *la conozco de* e *voy a verla*, traduza as frases a seguir:

a **Eu a chamo** todos os dias. ____________________

b **Eu vou vê-la** esta noite. ____________________

DICA DE GRAMÁTICA: ***usando os pronomes lo, la, los/las ("o", "a", "os", "as")***
Na Unidade 3, você aprendeu a usar os pronomes oblíquos *me* e *te* como objetos. O mesmo vale para *lo*, *la* e *los*, *las* (o, a e os,as). Esses pronomes substituem pessoas e objetos, masculinos e femininos, como em:

- *lo adoro* (eu adoro ele)
- *la come* (ele a come, p. ex. *la pizza*)
- *voy a verlos* (eu vou ver eles)

Com *gustar*, *encantar* e outros verbos, você deve usar *le* para "o" e "a" e *les* para "os" e "as".

Se você não sabe quando usar ***le*** ou ***lo/la***... não está sozinho! Até os falantes nativos se confundem a ponto de criarem palavras para essa confusão: ***leísmo/laísmo/loísmo***.

Poucos verbos não seguem esse padrão. Um deles é ***ser***, cujas formas são ***soy*** (eu sou), ***eres*** (você é), ***es*** (ele/ela é).

EXPLICAÇÃO GRAMATICAL: *él* (ele) e *ella* (ela)

Formar verbos para os pronomes "ele" e "ela" é muito fácil. Basta remover o *s* da forma do *tú*: ***quieres*** (**você** quer) → ***quiere*** (**ele/ela** quer). Como você identificará a pessoa pelo contexto, o *él* (ele) e o *ella* (ela) só serão utilizados para dar ênfase.

Exemplos:

*Sarah **quiere** visitar Múrcia.* — *¿Va a hablar?*

Sarah quer visitar Múrcia. — **Ele** vai falar?

*Yo solo tengo tres días de vacaciones, pero **ella tiene** cuatro.*

(*Eu* só tenho três dias de férias, mas ***ela tem*** quatro.)

1 Preencha as lacunas a seguir com a forma correta do verbo indicado entre parênteses.

a ________ *ir al cine. (querer – él)*

b *Ana* ________ *la República Dominicana cada verano. (visitar)*

c *Pedro* ________ *bien. (hablar)*

d ________ *en el hospital. (trabajar – ella)*

e *Mi hermana* ________ *mucho. (bailar – dançar)*

PRATIQUE

Confira esse novo vocabulário que você pode usar para falar sobre sua família.

🔊 **05.03** Ouça o áudio, observe o quadro e repita as palavras de acordo com a gravação.

Em espanhol, as expressões correspondentes a "mamãe" e "papai" são ***mamá e papá***.

Familia

Espanhol	Significado	Espanhol	Significado
(mejor) amig@	(melhor) amigo(a)	tío/tía	tio(a)
marido/mujer	marido/mulher	hij@	filho(a)
novi@	namorado(a)	hijos	filhos
pareja	companheiro	prim@	primo(a)
papá/mamá	pai/mãe	compañer@ de piso	colega de quarto/ apartamento
padres	pais		
herman@	irmão(ã)	gato	gato
hermanos	irmãos	perro	cachorro
Estoy soltero	sou solteiro	elefante	elefante
Es complicado	É complicado		

Nas suas conversas informais na Espanha, você vai ouvir a expressão ***tío/tía*** para indicar "um cara/sujeito" ou "uma garota/moça". Use essas palavras; os espanhóis vão gostar de vê-lo falando essa gíria!

EXPLICAÇÃO DE VOCABULÁRIO: @

Quando escrevem textos informais (como mensagens, anotações e chats online), os espanhóis costumam usar o símbolo @ para representar "masculino ou feminino". Acho isso ótimo, pois elimina a necessidade de escrever a versão masculina seguida por /a (como em *novio/a*).

Por exemplo: a frase *Busco un compañer@ de piso* (Eu estou procurando um colega de apartamento) indica que você não se importa se o candidato é homem ou mulher.

Para condicioná-lo a enviar mensagens para seus novos amigos espanhóis usando essa técnica, a partir de agora vamos adotar neste livro *la manera española* e usar @ em vez de *o/a*.

1 Use o dicionário para preencher o quadro com seus outros familiares (ou animais de estimação).

2 Preencha as lacunas a seguir com as respectivas palavras em espanhol.

a *¿Tienes __________?* (Você tem **irmãos**?)

b *¿__________ cerca?* (**Ele está** perto?)

c *Mi __________ trabaja __________ médica. __________ en un hospital.* (Minha **mãe** trabalha **como** médica. **Ela trabalha** em um hospital.)

Para formar o plural de "meu" (*mi*), basta acrescentar um *s*.

d *Me encanta __________ __________ con mis __________.* (Eu adoro **passar o tempo** com meus **filhos**.)

e *Hablo con __________ __________ todo el tiempo y __________ __________ a menudo.* (Eu falo com **meu irmão** o tempo todo e eu **o vejo** com frequência.)

f __________ __________ *y yo siempre __________ el verano __________.* (**Minha família** e eu sempre **passamos** o verão **juntos**.)

g *¿Dónde __________ __________?* (Onde ele **planeja trabalhar**?)

h __________ __________ baila __________ __________ __________. __________ encanta. (**Minha namorada** dança **todos os dias. Ela** adora.)

3 Responda as perguntas a seguir com frases sobre a sua família e seus amigos.

a *¿Cómo se llama tu mejor amig@?* ____________________

b *¿Dónde vive?* ____________________

c *¿En qué trabaja?* ____________________

4 Use as expressões *paso tiempo con* (eu passo tempo com) e *planeamos* (nós planejamos) para indicar a pessoa com quem você vai estar neste fim de semana e seus planos para a ocasião.

Exemplo: *Paso este finde con* mis padres y mi amiga Emily.
Planeamos ir al cine.

a *Paso este finde con* ______________________________

b *Planeamos* ______________________________

5 Utilize verbos do seu vocabulário pessoal para falar sobre pessoas próximas a você e procure palavras novas para descrever as situações a seguir usando as formas verbais correspondentes a él e *ella*.

a Onde moram seus familiares (*mi hermano vive en...*)

____

b Qual é a profissão do seu parceiro ou parceira (*mi marido escribe, mi novia ...*)

____

c O que seu melhor amigo(a) faz para relaxar (*mi mejor amig@ ve la tele*).

____

JUNTE TUDO

¿Quién es tu persona favorita? Com quem você estava? Pode ser seu melhor amigo, seus pais ou seu namorado(a). Pesquise no dicionário novas palavras para descrever uma pessoa próxima.

- Qual é o nome dela?
____
- Onde ela mora?
____
- Com quem ela mora?
____
- Em que ela trabalha?
____
- O que ela gosta de fazer?
____

Talvez você queira falar sobre o local em que "conheceu" alguém, mas ainda não abordamos o tempo passado, tema da Unidade 7. Por enquanto, reformule as frases e **transmita a mesma ideia usando o que sabe até agora.** Essa é uma habilidade valiosa no estudo de idiomas!

CONVERSA 2

Com quem você mora?

Continuando a conversa, Sarah e María falam sobre suas famílias.

05.04 Qual é a expressão utilizada por Sarah para perguntar "há quanto tempo" María é casada?

Sarah: ¿Estás casada?
María: ¡Sí! Estoy casada.
Sarah: ¿Desde cuándo?
María: Estamos juntos desde hace mucho tiempo. Conozco a su familia desde hace veinte años. ¿Y tú?
Sarah: Estoy soltera.
María: ¿Con quién vives?
Sarah: Vivo en la casa de Juan, mi compañero de piso. Mi papá conoce a su tío. ¡Tiene un perrito adorable!
María: ¡Uf! ¡No me gustan los perros! Siempre rompen cosas.
Sarah: El perro de Juan nunca rompe nada. Es muy bueno.
María: Seguro que es un trozo de pan, ¡como tú!

Para se referir às propriedades de alguém em espanhol, use a partícula "de". Ex.: ***la casa de Juan*** (a casa de Juan).

DESVENDE

1 Escreva as frases a seguir em espanhol.

a Você é casada? ______________________

b como você ______________________

c Sou solteira ______________________

2 Responda as perguntas a seguir em espanhol:

a Há quanto tempo María está casada?
María está con su marido desde hace ______________________.

b Sarah mora na casa de quem?
Vive en ______________________.

c Sarah é casada ou solteira? ______________________

d Qual é a opinião de María sobre cachorros?
____

3 A palavra *familia* é masculina ou feminina? Por quê?

OBSERVE

05.05 Ouça o áudio e observe a tabela.

Expressões essenciais da Conversa 2

Espanhol	Significado
estoy casada	eu sou casada
¿desde cuándo?	desde quando?/há quanto tempo?
Estamos juntos desde ...	estamos juntos há (desde)...
conozco a su familia ...	conheço sua família há...
estoy soltera	eu estou solteira
¿con quién vives?	com quem você mora?
la casa de Juan	a casa de Juan
mi papá conoce a su tío	meu pai conhece seu tio
¡tiene un perrito adorable!	ele tem um cãozinho adorável!
siempre	sempre
nunca rompe nada	(ele) nunca quebra nada.
seguro que ...	claro...
es un trozo de pan	ele é um amor
¡como tú!	como você!

DICA DE GRAMÁTICA: ***preposições no início da frase***
Em espanhol, as frases não podem terminar com preposição (palavras como *a*, *de*, *después*, *con*, *en*). Nesse caso, basta se lembrar da ordem de palavras das frases em português: "Com quem você mora?"
Exemplo:
Para quem você está olhando?
¿A quién miras?

É mais fácil **memorizar pares de antônimos**, como ***nunca*** e ***siempre***.

1 Encontre e destaque três exemplos das formas verbais de ele/ela no quadro acima.

2 Com base na expressão "a casa de Juan", como você diria em espanhol "o cachorro de meu irmão" e "o pai de meu amigo"?

______________________ ______________________

3 Com base na ordem das palavras de *¿Con quién vives?*, escreva as perguntas a seguir em espanhol.

a De onde você vem? ______________________

b Com que você está escrevendo? ______________________

c A que horas a aula começa? ______________________

EXPLICAÇÃO DE VOCABULÁRIO: *saber* e *conocer* (saber)

Em espanhol, como no português, usamos os verbos ***saber*** para indicar que sabemos uma informação ou como fazer algo e o verbo ***conocer*** para dizer que conhecemos algo ou alguém.

Exemplo:	***Sé*** *que eres español.*	**Eu sei que você é espanhol.**
	*¡**Conozco** esta canción!*	**Eu conheço essa canção!**

VOCÁBULO: *conocer* *"conhecer"*
Conocer é um verbo muito útil porque significa "conhecer", como em ***he conocido a mucha gente hoy*** (eu conheci muitas pessoas hoje). Observe que geralmente o verbo *conocer* é seguido por *a* quando se refere a pessoas.

Lembre-se que as formas do *yo* para *conocer* e *saber* são muito diferentes do padrão que vimos:

saber: **sé**, *sabes, sabe* *conocer:* **conozco**, *conoces, conoce*

1 Escolha entre *saber* e *conocer* de acordo com o contexto.

a *Conozco/Sé ese libro.*

b *¿Conoces/Sabes a qué hora empieza el concierto?*

c *Conocemos/Sabemos a Pedro.*

d *¿Ella conoce/sabe nadar?*

#LANGUAGEHACK:
Aprenda padrões para decifrar verbos novos e suas formas

Você já deve ter observado que a grafia das formas verbais é diferente em alguns casos:

e muda para *ie*	*tener*	→	*tienes*	*entender*	→	*entiende*
o muda para *ue*	*recordar*	→	*recuerdo*	*almorzar*	→	*almuerzo*

Em espanhol, essas mudanças nas vogais não ocorrem em todos os verbos. Como saber quais deles mudam?

Basta fazer essa pergunta: **o verbo termina em *-r* ou *-mos*?**

Se sim, mantenha o som da vogal.

Com essa técnica, quando menos esperar, você estará pronto para usar com confiança muitas formas verbais do espanhol.

Quando a palavra termina em letras como *-r*, a última sílaba é a mais forte. Isso ocorre no infinitivo de todos os verbos: *dormir*, *recordar*, *entender*. Já quando a palavra termina em *-mos*, uma sílaba extra é adicionada. Como, no espanhol, a penúltima sílaba geralmente é a tônica, a vogal mais forte será a mesma do infinitivo:

cerramos (nós fechamos), *encontramos* (nós encontramos),
tenemos (nós temos), *dormimos* (nós dormimos)

Se não, geralmente ocorrem as duas vogais.

Muitas das formas verbais que vimos até aqui terminam em vogal ou em *-s*; nesses casos, *a sílaba anterior é a mais forte*. Essa propriedade é um dos aspectos mais divertidos do espanhol e causa as mudanças nas vogais: o *e* (não tônico) se torna *ie* e o *o* (não tônico) se torna *ue*. Isso se aplica às formas de *yo*, *tú* e *él/ella*, porque elas terminam em vogal ou *s*. Vamos ver como funciona!

queremos, quiero	querer, eu quero
entender, entiendes	entender, você entende
recordamos, recuerdas	nós lembramos, você lembra
encontrar, encuentro	encontrar, eu encontro

Outros padrões para lembrar: *-go* e *-oy*

Em seguida, vêm os que costumo chamar de "verbos go", pois sua forma *yo* termina em ***-go*** e não apenas em *-o*. Esses verbos também mudam de ***e–ie*** (ou de ***e–i***):

*tener, tenemos, **tengo**, tienes*	ter, nós temos, eu tenho, você tem
*venir, venimos, **vengo**, viene*	vir, nós vimos, eu venho, ele/ela vem
*decir, decimos, **digo**, dices*	dizer, nós dizemos, eu digo, você diz
*hacer, hacemos, **hago**, haces*	fazer, nós fazemos, eu faço, você faz

E, finalmente, as **formas yo** dos **verbos *ser*** e ***estar*** e dos **verbos de uma sílaba** costumam **terminar em *-oy***:

*estar: **estoy**, estás, está*	*ser: **soy**, eres, es*
*ir: **voy**, vas, va*	*dar: **doy**, das, da*

Com essas técnicas, você não precisará consultar quadros de conjugação de verbos nem memorizar cada verbo do idioma!

Essa é fácil de lembrar: -oy é yo de trás para a frente!

DICA DE GRAMÁTICA: *mudanças de vogal*
Não é comum, mas, em alguns verbos, a vogal muda de *e* para *i*. Alguns exemplos típicos são:

- *pedir* (pedir),
- *pedimos* (nós pedimos),
- *pido* (eu peço),
- *pides* (você pede).

SUA VEZ: Use o hack

1 Leia as frases a seguir e escreva a foma correta do verbo indicado entre parênteses.

a ___________ *a España cada verano. (volar)* (Eu voo para a Estanha todo verão.)

b ___________ *la ventana. (cerrar)* (Nós fechamos a janela.)

c *¿*___________ *comer ahora? (preferir)* (Você prefere comer agora?)

2 Crie a forma do *yo* ou do *tú* com base nas frases a seguir.

a *Tengo muchos libros.* ___________

b *Das el dinero a Marta.* ___________

c *Dices algo raro cada día.* ___________

PRATIQUE

1 Responda as perguntas a seguir sobre pessoas próximas a você.

a *¿Estás casad@, solter@ o tienes novi@?* ___________

b *¿Tienes hijos? ¿Cuántos? Sí /No ...* ___________.

c *¿Con quién vives? Vivo ...* ___________.

2 Uma expressão útil em espanhol é *quiero decir* ("quero dizer"). Use-a para dizer:

a Você quer dizer...? ____________________

b ele/ela quer dizer ____________________

3 Preencha as lacunas a seguir com as respectivas palavras em espanhol.

Lembre-se de usar um verbo no presente com a palavra ***desde***.

a ________ *a mi mejor* ________ *desde hace cinco años.* ________ ________ ________.

(Eu **conheço** meu melhor **amigo** há 5 anos. **Somos muito parecidos.**)

b *Hoy es el cumple* ________ ________ ________.

(Hoje, é o aniversário **de minha mãe**.)

Cumple é uma abreviação informal de ***cumpleaños***.

JUNTE TUDO

Com base no script elaborado a partir da Conversa 1, escreva quatro ou cinco frases sobre uma pessoa próxima a você, descrevendo:

- Há quanto tempo você a conhece (*conocer* + *desde*)
- Há quanto tempo vocês estão juntos ou casados (*juntos* + *desde*)
- Algo que vocês planejam fazer juntos (*vamos a ... planeamos ...*).

CONVERSA 3

Você pode usar a expressão ***somos***... (nós somos + número) para determinar o número de pessoas em um grupo. Essa palavra é útil em várias situações para descrever, por exemplo, sua família e o tamanho da mesa no restaurante para o garçom. *Somos* é a forma do verbo *ser* para *nosotros*.

Quando não se lembrar de uma palavra, substitua essa expressão por outra conhecida. Por exemplo, podemos usar *no lo sé* em vez de ***no estoy segura*** nessa conversa.

Somos quatro

A conversa toma um rumo mais específico quando Sarah tenta descrever as pessoas que conheceu.

05.06 Como se diz "eles não são..." em espanhol?

Sarah: ¿Tienes hijos?

María: Sí, **somos cuatro**. Tenemos dos maravillosos hijos. Se llaman Mónica y Pedro.

Sarah: Sus nombres son muy bonitos.

María: ¿Crees que algún día vas a echar raíces?

Sarah: **No estoy segura**. Quizás algún día.

María: ¿Y si conoces a alguien especial en Madrid? Los españoles tienen algo especial.

Sarah: Ya ... pero los hombres españoles no parecen ... ¿cómo se dice en español 'my type'?

María: No parecen tu tipo, sí, entiendo. ¡Pero nunca se sabe!

DESVENDE

1 **Com base no contexto, responda as perguntas a seguir e destaque as respectivas palavras na conversa.**

a Há quantas pessoas na família de María? ____________________

b Sarah nunca quis ter uma família? ____________________

c Como se diz em espanhol a frase "eles não fazem 'o meu tipo'"?

____

2 **Escreva o significado das frases a seguir.**

a *tenemos dos hijos* ____________________

b *¿cómo se dice en español ...?* ____________________

c *hombres españoles* ____________________

3 **Encontre na conversa as expressões a seguir e as escreva aqui.**

a seus nomes são ____________________

b eles não parecem ____________________

c nunca se sabe ____________________

OBSERVE

05.07 Ouça o áudio e observe o quadro.

Expressões essenciais da Conversa 3

Espanhol	Significado
¿tienes hijos?	vocês têm filhos?
somos cuatro	somos quatro
Tenemos dos maravillosos hijos	temos dois filhos maravilhosos
se llaman ...	eles se chamam...
sus nombres son muy bonitos	seus nomes são muito bonitos
¿vas a echar raíces?	você não vai ter uma família? (você não vai criar raízes)
no estoy segura	não tenho certeza
y si conoces a alguien	e se você conhecer alguém especial
los españoles tienen algo especial	os espanhóis têm algo especial
¿cómo se dice ...?	como se diz ...?
no parecen	eles não parecem
nunca se sabe	nunca se sabe

DICA DE GRAMÁTICA: ***terminações de adjetivos — o/a, os/as***
Assim como trocamos o *o* pelo *a* para formar um substantivo feminino (*bonito – bonita, pequeño – pequeña*), adicionamos um *s* para indicar várias pessoas (*curioso – curiosos*). Em espanhol, também adicionamos um *s* aos adjetivos que acompanham os substantivos no **plural** (*las hermanas altas*, "as irmãs altas").

Y si é uma expressão muito útil e significa "e se": *Y si conoces...*

VOCÁBULO: *se* *como "um" ou "isso"*
Como no português, para falar sobre um sujeito indeterminado ou "pessoas em geral" em espanhol, você pode usar a forma ***él/ella*** e ***se***. Por exemplo: ***en Madrid se habla español.*** Aqui, ***nunca se sabe*** tem o mesmo sentido que em português. Da mesma forma, ***¿cómo se dice?*** significa "como se diz?"

EXPLICAÇÃO GRAMATICAL: *ellos/ellas* (eles/elas)

Para falar sobre várias pessoas, como *Sarah y Julia* e suas ações, você vai precisar de uma forma nova: *ellos/ellas*.

Criar a forma *ell@s* é simples: basta **adicionar** um ***n*** **à forma *él/ella***:

hablar	*(él) habla*	***(ellos) hablan***
vivir	*(ella) vive*	***(ellas) viven***

O pronome *ellas* se refere a um grupo de mulheres, mas, como *ellos* pode se referir a um grupo só de homens ou de homens e mulheres, vamos usar ***ellos*** (eles) daqui em diante.

Muitos verbos não seguem esse padrão. Como exemplo, já vimos a forma ***son*** (eles são) do verbo *ser*.

1 Preencha as lacunas a seguir com a forma correta do verbo indicado.

a *Ellos* __________ *las películas.* *(adorar)*

b *¡Mis hermanos* __________ *aquí para practicar!* *(estar)*

c *Ellas* __________ *en el hospital.* *(trabajar)*

d *Carlos y Javier* __________ *juntos.* *(vivir)*

e *Ellos* __________ *ir al cine.* *(querer)*

f *Ellas* __________ *sobre las noticias.* *(hablar)*

g *Pablo y Sarah* __________ *pasta juntos.* *(comer)*

h *Ellos* __________ *visitar Chile pronto.* *(esperar)*

i *Sarah y Julia* __________ *mañana a Perú.* *(viajar)*

PRATIQUE

1 Complete o quadro a seguir com as novas formas verbais que você aprendeu na unidade. Quando terminar, feche os olhos, selecione aleatoriamente uma das formas e elabore uma frase com ela. Repita esse exercício cinco vezes.

infinitivo	yo	tú	él/ella	nosostros	ellos
querer					
ser					
ir					
conocer					
decir					

2 Como se diz "eu tenho certeza" em espanhol? ______________________

3 Associe as expressões em espanhol a seguir com as respectivas traduções.

a *vamos*
b *van*
c *somos*
d *saben*
e *son*
f *sabemos*

1 *nós somos*
2 *eles são*
3 *eles sabem*
4 *nós vamos*
5 *eles vão*
6 *nós sabemos*

4 Preencha as lacunas a seguir com as respostas de cada pergunta.

a *¿Tu hermano es estudiante?* *No, ¡__________ ingeniero!*

b *¿Tus padres están en el trabajo?* *No, ¡__________ de vacaciones!*

c *¿Tu amigo va a viajar contigo?* *No, ¡__________ a viajar con mi primo!*

d *¿Tus hermanas van a leer los libros?* *No, __________ a ver la televisión.*

JUNTE TUDO

A essa altura, você já deve ter adquirido grande parte do "vocabulário pessoal" necessário para falar sobre sua família e seus amigos! Crie um script com pelo menos quatro frases para descrever pessoas próximas a você. Use as formas de ***él/ella*** e ***ell@s*** para falar sobre:

- Seus pais, filhos e outros membros da sua família; diga seus nomes, idades, onde moram ou do que gostam
- Seus amigos; diga como os conheceu, com o que trabalham e do que gostam
- Seus colegas de trabalho; indique assuntos ou projetos profissionais em comum
- Seus animais de estimação ou outras pessoas que você admira ou quer descrever!

FINALIZANDO A UNIDADE 5

Confira o que aprendeu

05.08 Ouça o áudio de treino, que traz perguntas e respostas curtas em espanhol.

- Associe a resposta com o verbo na pergunta para formular a resposta completa.
- Pause ou repita o áudio sempre que precisar para entender as perguntas.

Exemplo: ***¿Con quién vive Juan? Con su mamá.*** → **Vive con su mamá.**

Mostre o que sabe...

Confira o que acabou de aprender. Escreva ou fale um exemplo para cada item da lista e marque os que sabe.

- [ ] Diga as expressões em espanhol correspondentes a:
  - [ ] "minha mãe" e "meu pai"
  - [ ] "sua irmã" e "seu irmão"
  - [ ] e outro membro da família a sua escolha.
- [ ] Indique duas frases que expressem como você "passa seu tempo" ou o que "planeja" fazer.
- [ ] Elabore uma frase usando:
  - [ ] A forma verbal de *él* para descrever o trabalho de alguém (um homem) que você conhece.
  - [ ] A forma verbal de *ellos* para descrever o que seus amigos estão fazendo agora.
- [ ] Diga algo que você planeja fazer com outra pessoa usando *nosotros* e *juntos*.
- [ ] Use *conocer* para dizer que você "conhece" (está familiarizado com) algo ou alguém.

COMPLETE SUA MISSÃO

É hora de completar sua missão: fale bem da sua amiga ou amigo para despertar o interesse de *tu amig@ español*. Crie uma descrição para essa pessoa e conte a história de como vocês se conheceram.

PASSO 1: Crie seu script

¿Quién es la persona más importante en tu vida?

Use as frases que você já sabe e seu vocabulário "pessoal" para criar scripts sobre a pessoa que você mais gosta. Não se esqueça de:

- Dizer quem ela é (*mi amig@, mi herman@ ...*)
- Explicar por que essa pessoa é tão importante para você (*él, ella*)
- Dizer há quanto tempo vocês se conhecem (*conocer + desde*)
- Descrever suas características, trabalho, família etc. (*su*)

Depois de escrever o script, repita as frases até se sentir confiante.

Use o idioma para **conversar com pessoas em situações reais!** Você precisa falar e usar o idioma para integrá-lo à sua memória de longo prazo. Essa é a melhor forma de determinar e avaliar o seu progresso nos estudos.

PASSO 2: Seja realista... *online*

Você vai recorrer bastante a esse script para falar sobre as pessoas mais importantes na sua vida durante suas conversas em espanhol. Então, comece agora a incrementar seu repertório! Acesse a comunidade online, procure a missão da Unidade 5 e compartilhe a sua gravação.

PASSO 3: Aprenda com outros estudantes

Lembre-se de que as missões servem para expandir o seu vocabulário e o do grupo como um todo. **Sua tarefa é fazer uma pergunta complementar em espanhol para, pelo menos, três pessoas** e incentivá-las a aperfeiçoarem seus scripts.

PASSO 4: Avalie o que aprendeu

Você precisa de novas palavras ou frases para preencher suas lacunas? Quais? Escreva a seguir.

EI, HACKER DA LINGUAGEM, VOCÊ JÁ ESTÁ QUASE LÁ!

Você superou um dos maiores desafios do estudo de idiomas: começar e *continuar.* Sair da inércia é essencial para um aprendizado rápido. Então, parabéns por ter chegado até aqui; você merece. Priorize sempre o que pode fazer hoje e não conseguiu fazer ontem.

A seguir, vamos aprender a conversar em espanhol na mesa de jantar.

¡Adelante!

6 COMA, BEBA E CONVERSE

Sua missão

Imagine que você convida um novo amigo mexicano para ir a um restaurante incrível que descobriu perto de *tu casa*. Mas (lamentavelmente) seu amigo está por dentro da péssima reputação do estabelecimento, que você achou *muy elegante*. *Puf*, ele diz, *es ordinario...*

Sua missão é convencê-lo a ir com você ao restaurante. Prepare-se para **dar sua opinião** e dizer **por que discorda**. Para reforçar sua argumentação, explique em detalhes por que o restaurante é tão *de moda*, **descrevendo seu prato favorito** e **por que gosta dele.**

O objetivo desta missão é deixá-lo mais confiante para concordar, discordar, explicar seu ponto de vista e falar sobre comida e restaurantes, assuntos muito importantes.

Treine para a missão

- Aprenda boas maneiras e expressões úteis para comer em restaurantes: *puede ponerme*, *me gustaría*
- Aprenda o vocabulário para comida e bebida: *agua*, *una copa de vino*
- Use expressões para dar opiniões e fazer recomendações: *en mi opinión*, *me parece bien*
- Faça comparações usando *más*, *mejor*, *peor*.

APRENDENDO A CONVERSAR À MESA NO IDIOMA

Na Espanha, as refeições ocupam boa parte do dia. O almoço pode durar até duas horas e o jantar, que muitas vezes começa depois das 22h00, se estende pela noite. Essas refeições de fim de noite são ocasiões agradáveis e descontraídas para curtir uma boa comida e conversar com familiares e amigos depois de um dia agitado. Portanto, você deve aprender as diferentes formas de interagir com garçons e seus amigos durante o jantar!

#LANGUAGEHACK
deixe sua conversa mais fluente usando conectivo

DICA CULTURAL:
tapas
Tapas são petiscos espanhóis feitos com vários ingredientes; carnes, frutos do mar, batatas, pão e azeitonas são as opções mais populares. São pratos típicos nos bares e cafés de toda a Espanha e podem ser pedidos a qualquer hora do dia. Os meus favoritos são as ***patatas bravas***, batatas com molho de tomate.

Por volta da hora do almoço, o cumprimento passa de *buenos días* (bom dia) para ***buenas tardes*** (boa tarde).

DICA CULTURAL:
água, água mineral e água com gás na Espanha
Na Espanha, é seguro tomar água da torneira há décadas. Porém, como ela às vezes tem um gosto um pouco estranho, os espanhóis pedem ***agua mineral*** quando comem fora. **Você deve pedir *sin gas*** (sem gás) se não quiser água com gás!

CONVERSA 1

Vou querer...

Nos restaurantes espanhóis, é comum se deparar com as palavras *menú* e *aperitivo*, mas tenha cuidado! Em espanhol, *menú* não é o papel com todas as opções de pratos disponíveis (esse papel se chama *la carta*). *Un menú* é um cardápio com vários pratos a *precio fijo* ("preço fixo"). Já um *aperitivo* é uma entrada! Para pedir o prato principal, procure a expressão *el plato principal*.

O modo de fazer pedidos nos restaurantes espanhóis varia de acordo com o tipo do estabelecimento. Em restaurantes sofisticados, você deve usar uma linguagem formal e a forma *usted*.

06.01 Sarah e sua amiga Julia saíram para comer em um bar de tapas em Barcelona. Qual frase o garçom usa para perguntar "O que vocês desejam?"

Sarah: Tengo hambre. ¡Ah, aquí está el bar!
Garçom: **Buenas tardes**, señoritas. ¿Mesa para dos?
Julia: Buenas tardes, señor. Sí, somos dos.
Garçom: Aquí tienen su mesa y aquí está la carta.
Julia: Muy bien. Por ahora, queremos una **botella de agua**. ¡Gracias!
Garçom: ¿Ya saben qué van a pedir?
Julia: ¡Sí! Ya lo sabemos.
Sarah: Eh ... Para mí, unas **patatas bravas**, por favor.
Julia: Y yo voy a tomar gazpacho.
Garçom: ¿Y para beber?
Julia: ¿Vas a beber algo?
Sarah: ¿Puede ponerme una sangría? Julia, ¿qué te apetece?
Julia: Una cola para mí.
Garçom: ¡Enseguida!

DESVENDE

1 Releia a conversa e destaque as expressões a seguir:
   a O que Sarah pede para comer? E para beber?
   b Quais formas verbais formais aparecem na conversa?

2 Qual é o significado da expressão *Ya lo sabemos*? ____________________

3 Destaque as expressões que Sarah e Julia usam para pedir:
   a patatas bravas   b gazpacho   c a cola

4 Escreva as frases a seguir em espanhol.
   a E para beber? ____________________
   b Vocês vão beber algo? ____________________

DICA DE GRAMÁTICA: Formando verbos para *usted* e *ustedes*
Você notou que o garçom da conversa disse *tienen*? Para se dirigir diretamente e de modo formal a um grupo de pessoas, use a forma de *ustedes*, que funciona exatamente como a forma de *ellos* que vimos anteriormente. Para usar o *usted* (o você formal), empregue a forma do *él/ella* (com as terminações *-a* ou *-e*, como em *habla, viaja, tiene*). Julia faz isso quando diz *Puede ponerme...*
Para *ustedes*, basta adicionar um *n* (como na forma de *ellos*), como em *hablan, viajan, tienen*.

EXPLICAÇÃO CULTURAL: Quando usar *usted/ustedes*

A forma verbal de *usted* é usada nas situações mais formais na Espanha, mas, em grande parte da América Latina, ela serve para interagir com pessoas desconhecidas. Em caso de dúvida, use *usted* (para se referir a uma pessoa) ou *ustedes* (para se referir a várias pessoas).

Há quem prefira usar *usted/ustedes*, mas as regras estão ficando cada vez mais flexíveis, até mesmo em relação a pessoas que acabamos de conhecer. Já vi muitos espanhóis partilharem da filosofia irlandesa de que um estranho é só um amigo que você ainda não conheceu!

HACKEANDO: "Vocês"

Em espanhol, existem outros modos de dizer "vocês" além dos que já vimos!

Um deles é ***vosotros***, um jeito informal e comum de dizer "vocês" na Espanha. Essa palavra tem uma forma verbal específica que deve ser estudada separadamente, mas há um truque para evitar essa expressão até você dominar mais o idioma:

Você pode *decidir não* usar essa forma por enquanto e empregar a forma de *ustedes* (que é muito mais fácil). Essa opção é comum entre os latino-americanos, que não usam a forma ***vosotros***; portanto, os espanhóis estão acostumados a ouvir a expressão *ustedes*.

Moral da história: você pode se expressar como os latino-americanos na Espanha tranquilamente. É muito simples! *¿Entienden?*

VOCÁBULO: *vos* como "tu"
Na Argentina, o pronome **vos** ainda é usado (para alguns espanhóis, essa palavra soa arcaica como o "vós" do português). Adoro usar essa forma; ela é muito fácil de aprender se você quiser.

OBSERVE

06.02 Ouça o áudio e observe o quadro.

Expressões essenciais da Conversa 1

Espanhol	Significado
tengo hambre	eu tenho fome
aquí está ...	aqui está...
... el bar	... o bar
... su mesa	...sua mesa (formal)
... la carta	... o menu
buenas tardes, señoritas/señor	boa tarde, senhoritas/senhor
¿mesa para dos?	mesa para dois?
por ahora	por enquanto
queremos ...	nós queremos...
... una botella de agua	... uma garrafa de água
¿saben ya qué van a pedir?	vocês sabem o que vão pedir (já sabem o que vão querer?)
para mí ...	para mim ...
yo voy a tomar ...	para mim... (eu vou querer)
¿y para beber?	e para beber?
¿vas a ... algo?	você vai... algo?
puede ponerme ...	você pode me servir...
¿qué te apetece?	o que lhe agrada?
¡enseguida!	agora mesmo!

DICA CULTURAL:
fazendo um pedido!
Na Espanha, os clientes e garçons usam uma linguagem direta, como em português. É comum ouvir ***Ponme una cerveza*** ("Me dá uma cerveja") nos bares. Você pode se expressar dessa forma, e o garçom ficará satisfeito em atendê-lo!

Lembre-se: ***qué*** (com acento) serve para fazer perguntas e ***que*** (sem acento) significa "que".

Uma transição rápida como essa para destacar seu pedido é um bom exemplo do uso de ***yo***. Aqui, você enfatiza: "e **eu** vou querer...".

1 Veja a frase *tengo hambre* no quadro. Qual é a expressão correspondente em português?

____

2 Observe a expressão em espanhol correspondente a "para mim". Qual é o significado do verbo *tomar*?

____

3 Quais frases da lista expressam as ações a seguir?

a pedir uma jarra de água ______________________________

b pedir uma *sangría* ______________________________

4 **Encontre e destaque as quatro frases usadas para fazer pedidos. Em seguida, ouça o áudio para praticar a pronúncia.**

a Eu quero...

b Nós queremos...

c Para mim...

d Você pode me servir...

5 **Associe os verbos a seguir com as respectivas traduções.**

a *sé*

b *sabemos*

c *¿Sabes?*

d *quiero*

e *¿Quieres?*

f *¿Vas a beber?*

g *voy a beber*

1 Você quer?

2 Nós sabemos

3 Você vai tomar?

4 Você sabe?

5 Eu vou beber

6 Eu quero

7 Eu sei

PRATIQUE

1 *¿Vas a ... algo?* (Você vai... algo?) é uma expressão polivalente. Para aprender a adaptá-la, complete as perguntas a seguir com o verbo adequado.

a *¿Vas a* ______________________ *algo?* *¡Sí, sushi!*

b *¿Vas a* ______________________ *algo?* *¡Sí, vino!*

c *¿Vas a* ______________________ *algo?* *¡Sí, regalos!* *(presentes)*

2 Preencha as lacunas a seguir com as respectivas palavras em espanhol.

a *¿Qué* __________ __________ __________?
(O que **vocês vão beber?**)

b *¡Otra* _____ _____ _____, *por favor!* (Outra **garrafa de água,** por favor!)

c *Yo* _____ _____ _____ *vino tinto y* _____ _____ _____ _____ *vino blanco.*
(**Eu vou beber** vinho tinto e **ela vai beber** vinho branco.)

d _____ *qué* _____ *comer.* (**Nós sabemos** o que **queremos** comer.)

e *¿* _____ *tienes* _____? (Você **já** está **com fome**?)

Também recomendo que você **leve um dicionário de bolso** ou use um dos aplicativos/sites de dicionário indicados na seção Recursos. Você pode querer experimentar algum dos pratos do dia! Ou peça qualquer coisa sem saber o que é. Arrisque-se!

Agora, amplie seu vocabulário utilizando as principais expressões para comida e bebida indicadas no quadro a seguir. Antes de ir a um restaurante espanhol, não se esqueça de memorizar os nomes dos seus pratos favoritos.

Vocabulário de comida e bebida

Espanhol	Significado	Espanhol	Significado
tener hambre (tengo hambre)	estar faminto (eu tenho fome)	verduras	verduras
tener sed (tengo sed)	ter sede (eu tenho sede)	vaso	copo
comer (yo como)	comer (eu como)	desayuno	café da manhã
beber (yo bebo)	beber (eu bebo)	comida	almoço
bebida	bebida	cena	jantar
cocinar	cozinhar/preparar	carne	carne
comida	comida/refeição	pollo	frango
tomar (yo tomo)	tomar (eu quero/ vou querer)	ternera	bife
yo desayuno	eu tomo café da manhã	marisco	frutos do mar
almorzar (yo almuerzo)	almoçar/(eu almoço)	ensalada	salada
cenar (yo ceno)	jantar (eu janto)	zumo/jugo de naranja	suco de laranja
acabar	terminar		
¡Sorpréndeme!	Surpreenda-me!		
¿Qué me recomienda(s)?	O que você recomenda?		

3 Quais são seus pratos favoritos? Existe alguma comida que você queira pedir em um restaurante na Espanha ou na América Latina? Adicione mais quatro itens ao quadro para indicar pratos ou bebidas que você gostaria de pedir em espanhol. Em seguida, adicione duas ou mais expressões que você utilizaria para interagir com os funcionários do restaurante.

DICA CULTURAL:
tortilla de patatas
Na Espanha, a ***tortilla de patatas*** é um prato muito popular, parecido com uma omelete espessa. Você gosta de discussões divertidas? Pergunte a um grupo de espanhóis se a ***tortilla*** fica melhor com ou sem cebolas... Você vai se surpreender com o entusiasmo das opiniões sobre o tema!

DICA CULTURAL:
soy vegetariano
Algumas regiões da Espanha e da América Latina podem ser difíceis para vegetarianos. Se você disser que é ***vegetariano*** ou pedir algo sem carne (***sin carne***), provavelmente vai receber um prato com peixe.
Por segurança, recomendo que você aprenda a dizer ***sin carne y sin pescado*** e a perguntar pelos ingredientes usados no prato. Descobri por acaso que dizer ***estoy a dieta*** ("estou de dieta") geralmente é o jeito mais rápido de receber um prato cheio de legumes!

JUNTE TUDO

1 Utilizando o que aprendeu nesta unidade (e seu dicionário), faça pedidos que apontem seus pratos e bebidas favoritos como se você estivesse em um restaurante.

¡Hoy tienes hambre y sed! Então, peça uma entrada, prato principal, duas bebidas e sobremesa. Felizmente, você conferiu *la carta* e viu que ela contém todos os seus pratos favoritos!

Camarero: ¿Sabe ya qué va a pedir?

Tú: ______________________________

Camarero: ¡Ah, buena elección! ¿Y como segundo plato?

Tú: ______________________________

Camarero: Veo que hoy va a comer bien. ¿Y para beber?

Tú: ______________________________

Camarero: ¡Enseguida !

(30 minutos después ...)

Tú: ______________________________

(Chame o garçom.)

Camarero: ¿Ha acabado?

Tú: ______________________________

(Diga sim e que você já escolheu a sobremesa.)

Camarero: ¿Qué va a pedir?

Tú: ______________________________

Camarero: ¡Aquí tiene! ¡Que aproveche!

*O verbo espanhol **aprovechar** tem o mesmo significado do verbo "aproveitar" em português; portanto, faz sentido que, na Espanha, a expressão equivalente a "Bom apetite!" seja ¡Que aproveche!*

2 *¿Qué quieres cocinar? ¿Qué necesitas comprar para cocinarlo?* Crie três frases "pessoais" para descrever suas refeições diárias. Use o vocabulário que aprendeu nesta unidade e pesquise palavas novas no dicionário. Indique:

- O que planeja comer (*comer, tomar*)
- O que planeja beber (*beber*)
- Se costuma cozinhar em casa (*cocinar en casa*), jantar em um restaurante (*cenar en un restaurante*) ou esquentar uma pizza no micro-ondas (*hacer una pizza en el microondas*).

CONVERSA 2

DICA CULTURAL: *debates!*
Os espanhóis não têm dificuldades para tratar de assuntos polêmicos nas conversas. Os debates são acalorados, mas todos voltam a ser amigos ao final da discussão. Então, quando surgir um assunto delicado, isso significa que a outra pessoa está interessada em ouvir sua opinião! Avise se você não estiver disposto a conversar sobre o tema. Mas se puder, tente expressar pelo menos uma opinião básica para praticar suas habilidades no idioma!

Na minha opinião...

Sarah e Julia não concordam sobre o próximo local a visitar em Barcelona.

06.03 Como Sarah diz "você tem razão"?

Julia: ¿Adónde vamos mañana?
Sarah: **Me gustaría** ver la Sagrada Familia!
Julia: No sé ... Hay tantos edificios en Barcelona y eliges el más feo ... ¡Aún está en construcción! Además, ¡hay demasiados turistas!
Sarah: ¡Ojo! ¡Hay que verla! Es que ... es muy bonita, ¡y muy famosa también!
Julia: ¿Cómo? Ir a la playa es mejor y más relajante.
Sarah: Tienes razón ... Claro que hay menos gente allí ... ¡porque es aburrido!
Julia: Venga, quiero ver el mar Mediterráneo y tomar el sol, no dar un paseo.
Sarah: Vale, vale. Vamos a hacer un trato. Vamos a la Sagrada Familia por la mañana, porque hay menos turistas. Entonces, por la tarde, podemos ir a la playa de la Barceloneta.
Julia: ¡Estoy de acuerdo! Ese plan me suena bien.

VOCÁBULO: *quiero* e *me gustaría*
Já aprendemos a usar a expressão ***quiero*** ("eu quero"), mas uma alternativa mais suave é ***me gustaría*** ("eu gostaria"), que funciona melhor em situações formais.

DESVENDE

1 Identifique na conversa as informações solicitadas nos itens a seguir e as escreva aqui.
   a Segundo Sarah, qual local elas devem visitar? O que Julia acha?
   b Qual é a opinião de Julia sobre a Sagrada Família? O que Sarah acha?
   c Qual frase indica que Sarah e Julia chegaram a um acordo?

2 Destaque as expressões a seguir na conversa:
   a há muitos turistas
   b há menos pessoas
   c há menos turistas

3 **Responda as perguntas a seguir em espanhol com base nas respectivas frases em português.**

a *¿Qué tenemos que ver?* → Precisamos ver o mar Mediterrâneo.

____

b *¿Por qué quieres ir a la playa?* → Porque a praia é mais relaxante.

____

4 **Escreva as frases em espanhol correspondentes a:**

a obviamente ______________

b eu não concordo ______________

c Parece bom! ______________

d Há tantos... ______________

5 **Com base no contexto da conversa, deduza o significado das palavras destacadas a seguir:** ***Julia dice que ...***

a *la Sagrada Familia es* ***mejor que*** *la playa* ______________

b *la playa tiene* ***menos*** *gente que la Sagrada Familia* ______________

c *hay tantas iglesias y edificios en Barcelona y Sarah elige* ***el más*** *feo* ______________

DICA DE GRAMÁTICA:
hay tantos … hay demasiados

Quando você estiver andando em uma cidade grande na Espanha, pode usar *hay* para exclamar *¡Hay tantos …!* (Há tantos...!) e *¡Hay demasiados …!* (Há muitos...!). A terminação de *tantos* e *demasiados* muda de acordo com a palavra que acompanham, como você viu em *much@/s*. Por isso, formamos as expressões *tantas razones* e *demasiadas personas*.

Hay que é uma expressão útil para indicar que é necessário fazer algo. Na conversa, ***hay que verla*** significa "ela deve ser vista!" ou "eu preciso vê-la!" Como o verbo ao lado está no infinitivo, a frase expressa que isso "precisa" acontecer. P. ex.,: *¡Hay que comer tortilla de patatas!* (Você precisa comer uma tortilha espanhola!)

OBSERVE

06.04 Ouça o áudio e observe o quadro.

Expressões essenciais da Conversa 2

Espanhol	Significado
¿adónde vamos?	(para) onde iremos?
me gustaría …	eu gostaria... (a mim agradaria)
claro que …	claro que...
gente allí!	pessoas aqui!
hay tantos …	há tantos...
el más feo	o mais feio
además, hay demasiados …	além do mais, há muitos...
¡hay que verla!	precisa ser vista!
¿cómo?	que/desculpe? (como?)
ir a la playa es mejor	ir à praia é melhor
tienes razón	você está certa (você tem razão)
tomar el sol	tomar banho de sol
dar un paseo	dar um passeio
vale	OK
por la mañana	pela manhã
hay menos turistas	há menos turistas
por la tarde	de tarde
podemos ir a la playa	nós podemos ir à praia
me parece bien	para mim, parece bom
¡estoy de acuerdo!	concordo!
me suena bien	parece bom para mim

1 Encontre no quadro a expressão equivalente a "você está certa". Qual é sua tradução literal em português? Que expressão da Conversa 1 também usa o verbo *tener* nesse sentido? ____________________

2 Destaque as palavras usadas para fazer comparações e as escreva a seguir.

a o mais feio ____________

b melhor ____________

c menos ____________

d mais ____________

e demais ____________

f muitos ____________

3 Escreva as expressões a seguir em espanhol.

a eu sei que ____________
b você sabe que há ____________
c nós precisamos ____________
d nós precisamos de tantos ____________
e eu preciso de muitos ____________

4 As expressões a seguir servem para expressar opiniões em espanhol. Associe as frases em espanhol às suas respectivas traduções em português.

a *en mi opinión*
b *no estoy de acuerdo*
c *tienes razón*
d *estoy de acuerdo*
e *creo que*
f *quiero*

1 eu concordo
2 você está certo
3 em minha opinião
4 eu não concordo
5 eu gostaria
6 eu acho que

EXPLICAÇÃO CULTURAL: Gírias do espanhol

As gírias do espanhol mudam muito de uma região para outra e são notoriamente difíceis de traduzir, mas a seguir vou tentar explicar algumas das minhas favoritas!

Hombre – semelhante a "cara" em português e usada tanto por homens quanto mulheres.

Ojo – significa "cuidado!" e é usada em situações cotidianas. Se você estiver prestes a cair em um buraco, alguém vai gritar: *¡Ojo!*

Es que – significa "é só que..." e é uma expressão ótima para destacar um comentário.

¡Que no! – pense nessa expressão como "de jeito nenhum!"

Venga – uma expressão intensa; pode significar "apresse-se" ou servir de estímulo, como "vamos lá".

Vale – semelhante ao "tudo bem" do português.

EXPLICAÇÃO GRAMATICAL: Comparações

É muito fácil fazer comparações em espanhol. Você pode dizer, por exemplo, que algo é "mais", "menos", "maior" ou "menor" do que outra coisa usando *más* e *menos*:

- ***más*** + adjetivo para "mais" → *más grande* = **"maior"**
- ***menos*** + adjetivo para "menos" → *menos guapo* = '**"menos bonito"**
- ***el más*** (ou *la/los/las más*) + adjetivo para "o maior"
  → *el más grande* "o/a **maior**"
- ***el menos*** (ou *la/los/las menos*) + adjetivo para o/a "menos"
  → *el menos guapo* "o **menos** bonito"

más/menos	Exemplo	*el más/el menos*	Exemplo
más + grande (maior)	Tu casa es **más grande**. (Sua casa é maior.)	**el más** + grande (o/a maior)	Tu casa es **la más grande** de la ciudad. (Sua casa é a maior da cidade.)
más + interesante (mais interessante)	Creo que esta playa es **más bonita**. (Acho que esta praia é mais bonita.)	**el más** + interesante (o mais interessante)	Esta playa es **la más bonita** que conozco. (Esta praia é a mais bonita que conheço.)
menos + joven (menos jovem)	Es **menos inteligente** que su hermano. (Ela é menos inteligente que seu irmão.)	**el menos** + cansado (o/a menos cansado(a)	Eres **la menos cansada aquí**. (Você é a menos cansada aqui.)

Você também pode usar *más* e *menos* para comparar quantidades.

Exemplo: *Hoy veo menos turistas.*

Há uma importante exceção quando fazemos comparações: as expressões **"melhor!"** e **"o/a melhor"** ou **"pior"** e **"o/a pior"**:

Adjetivo	comparativo	superlativo
bueno (bom)	**mejor** (melhor)	el/la **mejor** (o/a melhor)
malo (ruim)	**peor** (pior)	el/la **peor** (o/a pior)

Exemplo: *¡Creo que este restaurante tiene la mejor tortilla del mundo!*
(Acho que este restaurante tem **a melhor** tortilha espanhola do mundo!)

1 Para praticar, complete as frases a seguir com as respectivas formas de *más, menos, mejor* ou *peor*.

Exemplo: *Este mes tiene menos días.* (Este mês tem menos dias.)

a *Los estudiantes en esta universidad son* ______________________.
(Os estudantes desta universidade são mais simpáticos.)

b *Esta biblioteca tiene* ____________. (Esta biblioteca tem mais livros.)

c *El cantante es* ________________. (O cantor é mais famoso.)

d *El rubio es* ________________. (O loiro é mais jovem.)

e *La comida es* ________________. (A comida é menos cara.)

f *Hay* ________________ *en este restaurante que en el otro.*
(Há menos turistas neste restaurante do que no outro.)

PRATIQUE

1 Pratique o uso do *hay*. Complete as frases a seguir com as expressões indicadas e crie frases em espanhol.

Exemplo: Não há ... (dias suficientes no fim de semana).
→ ¡No hay suficientes días en un fin de semana!

a Há... (apenas três estudantes aqui)?
____

b Há alguns... (livros em minha casa).
____

c Acho que há ... (menos cachorros no parque hoje).
____

2 **Traduza as frases a seguir para o espanhol.**

a Barcelona é maior que La Rioja.

____

b Há menos pessoas (***gente***) aqui que em sua casa (***en tu casa***).

____

c Eu acho que este restaurante é muito pequeno.

____

d Durante a semana, é necessário trabalhar.

____

JUNTE TUDO

¿Qué lugar del mundo quieres visitar? **Faça uma recomendação a um amigo indicando alguma coisa a fazer em uma cidade que você conhece ou gostaria de visitar. Use as expressões que você aprendeu na Conversa 2 e seu vocabulário "pessoal". Tente incluir:**

- Os lugares que gostaria de visitar (*me gustaría*)
- Os melhores locais ou experiências (*mejor*), na sua opinião
- Alguma "atração imperdível" (*hay que ver*), a seu ver
- Frases com comparações (*más, menos*)
- Frases que expressem sua opinião (*en mi opinión*).

Hay tantos lugares en ________ (ciudad) que me gustaría visitar ...

CONVERSA 3

O que você recomenda?

Cultura sempre é um assunto importante nos jantares espanhóis. Você não precisa citar Bécquer, mas aprenda algumas frases para intervir nas conversas e dar *tu opinión* sobre livros, música, arte, atualidades ou política!

Depois da discussão, Sarah e Julia estão trocando opiniões e sugestões sobre música e livros.

06.05 Qual frase Sarah usa para dizer "me conte"?

Sarah: Dime una cosa, Julia. Busco inspiración para mi arte. Creo que necesito entender la cultura española. **¿Qué me recomiendas?**

Julia: ¡Buena pregunta! Me parece que tienes que aprender más sobre la música en español. **En mi opinión**, la mejor música en español es la de Joaquín Sabina. Me gusta más que la música moderna. ¡Sus palabras son inspiradoras! Voy a darte unas canciones.

Sarah: ¡Gracias! Yo acabo de leer un libro sobre cómo la política afecta a la música.

Julia: ¡Qué bien! Me interesa mucho la política y ese libro **me parece** interesante. Pero, francamente, ¡no me gustan los políticos!

Sarah: A mí, tampoco. Creo que hablan mucho pero dicen muy pocas cosas.

Julia: ¡No puedo estar más de acuerdo! Por cierto, ¿**puedes recomendarme** algún libro sobre política en inglés? Tengo que practicar mi inglés.

Sarah: ¡Por supuesto! Mañana te doy el libro que acabo de leer. Te va a encantar.

Julia: ¡Gracias!

Sarah: **¡Gracias a ti!**

Julia: ¿Dónde está el camarero? Voy a pedir la cuenta. Señor, ¡la cuenta, por favor!

Sarah: **¡Te invito yo!**

Literalmente, ***gracias a ti*** significa "obrigado a você", uma resposta cortês a *gracias*.

VOCÁBULO:
te invito yo
Acho formidável que ***invito yo*** ("eu o convido") signifique "é por minha conta" em espanhol. Observe o uso enfático do ***yo***: antes de Julia contestar, Sarah já deixa claro que pretende pagar a conta.

DICA CULTURAL:
gorjeta (propina)
Dar gorjetas na Espanha é uma boa ideia, mas opcional. Se você gostou da refeição, dê como gorjeta um valor entre 5 e 10% da conta. É comum arredondar para o próximo número inteiro em euros.

DESVENDE

1 Responda as perguntas a seguir com frases curtas em espanhol.

a Segundo Julia, qual é a melhor música em espanhol? ______

b De que música Julia não gosta tanto? ______

c O que Sarah pretende dar a Julia? ______

2 Deduza o significado das frases a seguir.

a *unas canciones* ______

b *una buena pregunta* ______

c *Te va a encantar* ______

3 Escreva as perguntas a seguir em espanhol.

a O que você recomenda? ______

b Onde está o garçom? ______

c A conta, por favor! ______

4 Destaque na conversa as traduções das frases a seguir.

a em minha opinião

b eu gosto disso mais do que...

c o que você recomenda?

d eu gostaria

e eu vou lhe dar

f você pode recomendar

OBSERVE

06.06 Ouça o áudio e observe o quadro.

Expressões essenciais da Conversa 3

Espanhol	Significado
dime una cosa ...	me conte uma coisa...
busco inspiración	procuro inspiração
¡buena pregunta!	boa pergunta!
me parece que ...	me parece que...
tienes que aprender más sobre ...	você precisa aprender mais sobre...

en mi opinión ...	em minha opinião...
la mejor música es la de ...	a melhor música é de ...
me gusta más que ...	eu gosto mais que...
voy a darte	eu vou lhe dar
acabo de leer un libro sobre ...	eu acabo de ler um livro sobre...
me interesa mucho	eu estou muito interessado
francamente	honestamente/sinceramente
a mí, tampoco	eu também não
hablan mucho	eles falam muito
pero dicen muy pocas cosas	mas dizem muito pouco
¡no puedo estar más de acuerdo!	não poderia estar mais de acordo!
¿puedes recomendarme ...?	você pode me recomendar...?
te va a encantar	você vai adorar
voy a pedir ...	eu vou pedir...
la cuenta	a conta

VOCÁBULO: *acabo de...* *(eu acabo de...)*
Em português, para expressar que concluímos algo há pouco tempo, dizemos: eu acabo de almoçar, acabo de estudar, acabo de ler um livro.
Em espanhol, você também combina a expressão ***acabo de*** com um verbo no infinitivo para dizer que fez algo recentemente: ***acabo de comer***, ***acabo de estudiar***, ***acabo de leer un libro.***

1 Escreva as expressões a seguir em espanhol.

a você vai adorar ______
b eu gosto mais disso que ... ______
c Você quer pedir isso? ______
d Acabo de falar... ______

2 Associe as frases em espanhol às suas respectivas traduções em português.

a *te doy*
b *estoy seguro de que*
c *me gusta más*
d *me gustaría aprender*
e *voy a pedir*

1 tenho certeza de que
2 eu gostaria de aprender
3 eu vou perguntar
4 eu vou lhe dar
5 eu gosto mais

3 Identifique as expressões que podem ser usadas para pedir recomendações e as escreva a seguir em espanhol.

a O que você (me) recomenda? ______
b Você pode me recomendar... ? ______
c Me conte... ______

PRATIQUE

1 Adapte as expressões polivalentes a seguir às situações indicadas.

a Expressão polivalente: *Voy a pedir* ... (Eu vou pedir...)

... água ______

... a conta ______

... mais tempo ______

... outra bebida______

b Expressão polivalente: *Me gustaría aprender más sobre ... (algo)*

Você gostaria de saber mais sobre novos tópicos ou lugares? Use essa expressão polivalente para escrever três frases sobre eles.

______

______

______

2 Preencha as lacunas a seguir com as respectivas palavras em espanhol.

a *¡____ ______ la ______ gótica! ______ ______, me gusta ______ ______ la ______ moderna.*

(***Eu adoro*** a **arquitetura** gótica. **Na verdade**, eu gosto **mais que** a **arquitetura** moderna.)

b *____ ____ ______, ¿qué libro ______ ____ interesante?*

(***Na sua opinião,*** que livro ***é mais*** interessante?)

c *Un momento, ¡____ ____ ____ dirección!*

(Espere um minuto, ***eu devo lhe dar meu*** endereço!)

d *¿Cuál te gusta ____: la ____ clásica ____ ______ música hip-hop?*

(De qual você gosta ***mais***, ***música*** clássica ***ou*** hip hop?)

#LANGUAGEHACK:
Deixe sua conversa mais fluente usando conectivos

Quando ouve perguntas em espanhol, o iniciante fica tentado a responder com uma só palavra. Você gosta deste livro. *Sí.* Como está a comida? *Bien.*
Embora você ainda não consiga elaborar comentários com muitos detalhes, para desenvolver sua capacidade de criar respostas mais elaboradas, aprenda frases versáteis para intercalar entre *sí, no* e outros tipos de respostas curtas.
Os **conectivos de conversação** são expressões polivalentes que incrementam suas frases para que suas conversas fluam melhor e sejam mais interativas. Por exemplo, na Conversa 3, Sarah usa os conectivos *es una buena pregunta* e *en mi opinión* ao falar com Julia.

Como usar conectivos em conversas

Bons conectivos são versáteis e, sem encher a frase com informações adicionais, podem expandir uma resposta excessivamente curta. Por exemplo, se alguém perguntar *¿Tienes hambre?*, você pode responder com:

> ***Gracias por la pregunta****; sí, tengo hambre, ¿y tú?*

06.07 Ouça o áudio e repita cada conectivo de acordo com a gravação.

Para acrescentar sua opinião
en mi opinión (na minha opinião)
si entiendo bien (se eu entendo corretamente)
por desgracia (infelizmente)
me parece que (me parece que)
la verdad es que (a verdade é que)
en general (em geral)
pero en la práctica (mas na prática)

Para concluir uma ideia
por lo menos (pelo menos)
por fin (finalmente)
lo que pasa es (o que acontece é)
aunque (ainda que)
de ninguna manera (de maneira nenhuma)
menos mal que (menos mal que)
a ver (vamos ver)
no tengo ni idea (não tenho ideia)

Para elaborar uma ideia
es decir (isto é)
o sea ... (ou seja ...)
por ejemplo (por exemplo)
y por eso ... (é por isso ...)

Para mudar de assunto
por otra parte (por outro lado)
por cierto (por falar nisso)
además (além disso)

Confira a seguir mais exemplos de como usar os conectivos de conversação:

- Quando alguém perguntar *¿Cuántos años tienes?*, você pode dizer *Tengo 41 años* ou ...

  Pues ... entre nosotros ... por desgracia, *¡Ya tengo 41 años!*
- Quando alguém perguntar *¿Por qué aprendes español?*, você pode dizer *Porque me encanta la cultura española* ou ...

  La verdad es que ... *¡me encanta la cultura española!* ***¡Y por eso*** *aprendo español!*

Os conectivos de conversação ampliam suas respostas e aumentam a sensação de interação!

Essa técnica desenvolverá sua fluência e a capacidade de ter conversas interessantes apesar do seu vocabulário limitado. Para os iniciantes, sair da inércia é mais importante para manter o ritmo das conversas do que conhecer muitas palavras.

SUA VEZ: Use o hack

1 **06.08** Aprenda o som e a pronúncia dos conectivos de conversação. Ouça o áudio e repita cada conectivo de acordo com a gravação.

por desgracia	*me parece que*	*no tengo ni idea*	
a ver	*aunque*	*por cierto*	*y por eso*

2 **06.09** Agora, tente reconhecer as expressões. Ouça o áudio e anote os conectivos indicados na gravação em espanhol.

a ____________ **d** ____________

b ____________ **e** ____________

c ____________ **f** ____________

3 Use os conectivos de conversação e formule respostas mais longas para perguntas comuns.

Exemplo: *¿Piensas que esta casa es demasiado pequeña?*

- **La verdad es que**, pienso que, **francamente**, ¡esta casa no es demasiado pequeña!

a *¿Te gusta la cena?* ____________

b *¿Dónde vives?* ____________

c *¿Quieres algo del supermercado?* ____________

d *¿Tomas café?* ____________

JUNTE TUDO

Imagine que um amigo seu deseje passar um fim de semana imerso em atividades culturais e pede sugestões de eventos interessantes. Desenvolva frases em espanhol para usar durante uma conversa sobre temas culturais em um jantar. Crie declarações "pessoais" que:

- Descrevam suas músicas, obras de arte ou livros favoritos
- Expressem sua opinião (*en mi opinión, creo que, me gusta*)
- Incorporem expressões polivalentes (*me gustaría aprender más sobre* ...)
- Utilizem conectivos de conversação (*francamente, entre nosotros* ...)
- Façam comparações (*más, menos, mejor*).

FINALIZANDO A UNIDADE 6

Confira o que aprendeu

Ouça o áudio e as duas afirmativas em espanhol indicadas na gravação. A primeira frase apresenta informações sobre alguém, enquanto a segunda oferece um resumo dessas informações.

06.10 Depois de ouvi-las, selecione *verdadero* se o resumo estiver correto ou *falso* se estiver errado.

Exemplo: María cree que esta ciudad es bonita.

Resumo: Le gusta la ciudad. → (verdadero) / falso

a *verdadero / falso* **c** *verdadero / falso* **e** *verdadero / falso*

b *verdadero / falso* **d** *verdadero / falso*

Mostre o que sabe...

Confira o que acabou de aprender. Escreva ou fale um exemplo para cada item da lista e marque os que sabe.

- ☐ Peça um prato específico usando "Eu quero".
- ☐ Peça uma bebida específica usando "Eu gostaria".
- ☐ Use frases voltadas para situações formais:
  - ☐ "boa noite"
  - ☐ "por favor" (formal)
  - ☐ "obrigado(a)" (formal).
- ☐ Fale sobre quantidades indefinidas e plurais:
  - ☐ algumas canções
  - ☐ muitos turistas
  - ☐ muitas igrejas
- ☐ Diga "eu concordo", "eu discordo" e "na minha opinião".
- ☐ Elabore uma frase para fazer e outra para pedir recomendações.
- ☐ Indique as expressões de comparação correspondentes a "mais que", "menos que", "o/a mais" e "melhor que".
- ☐ Dê dois exemplos de conectivos de conversação.

COMPLETE SUA MISSÃO

É hora de completar a missão: convença seu amigo a dar uma chance para o seu restaurante favorito. Crie frases que expressem suas opiniões e expliquem por que você concorda ou discorda de algo. Descreva seu restaurante favorito ou outro estabelecimento ou pesquise restaurantes em um país de língua espanhola que deseja visitar.

Leia críticas de restaurantes em espanhol na internet para elaborar seus argumentos. Confira como os falantes de espanhol descrevem suas próprias experiências com restaurantes que acharam bons (ou não)! Para saber mais, acesse a comunidade online.

PASSO 1: Crie seu script

Continue desenvolvendo seu script! Crie frases que expressem suas opiniões:

- Descreva seu restaurante favorito. Por que você gosta tanto dele? O restaurante serve quais pratos e bebidas? O que você mais gosta de pedir quando vai lá e por quê?
- Convença um dos seus amigos a ir a esse restaurante apontando sua melhor qualidade em relação aos outros restaurantes da cidade (faça comparações!)
- Faça e peça recomendações
- Inclua expressões polivalentes e conectivos de conversação.

Depois de escrever o script, repita as frases até se sentir confiante.

PASSO 2: O mundo gira em torno de mim... *online*

É isso mesmo! Crie frases com informações pessoais para falar sobre a sua vida e coisas relevantes para você! Fica muito mais fácil estudar um idioma quando falamos sobre o que realmente importa. Quando estiver à vontade com seu script, acesse a comunidade online para conferir sua próxima missão e compartilhar sua gravação.

PASSO 3: Aprenda com outros estudantes

Pratique suas habilidades argumentativas com outros hackers da linguagem! Sua tarefa é responder em espanhol, pelo menos, três perguntas de pessoas diferentes indicando se concorda ou discorda com cada argumento levantado e por quê.

Durante o registro e enquanto estiver pensando no que vai dizer, **lembre-se de usar conectivos de conversação** entre as frases para que seu espanhol flua melhor. Com esse exercício, você irá fixar na memória e viabilizar a utilização dessas frases em situações reais!

PASSO 4: Avalie o que aprendeu

Você achou algum ponto fácil ou difícil nesta unidade? Aprendeu palavras novas na comunidade online? A cada script e conversa, você tem uma percepção mais clara das lacunas a serem preenchidas no script.

EI, HACKER DA LINGUAGEM, VOCÊ ESTÁ INDO MUITO BEM!

Agora você já pode expressar suas opiniões, falar sobre comida, fazer comparações e conversar sobre assuntos interessantes. Foi uma grande evolução. Curta esse momento porque, daqui em diante, a tendência é só melhorar!

A seguir, vamos desenvolver bastante suas habilidades de conversação ao abordarmos o tempo passado.

¡Puedes hacerlo!

7 FALE SOBRE ONTEM... SEMANA PASSADA... MUITO TEMPO ATRÁS

Sua missão

Imagine que você resolveu participar de um grupo de estudos de espanhol e agora precisa fazer uma apresentação contando histórias pessoais, mas com um detalhe: essas histórias podem ser verdadeiras ou inventadas.

Sua missão é contar uma história que seja verdadeira e inacreditável ou inventar uma história tão convincente que as pessoas não conseguirão saber se ela é verdadeira ou falsa. **Narre uma história pessoal** ou **lição de vida que aprendeu** quando estudou algum idioma, mudou para um lugar novo ou correu um grande risco.

Nesta missão, você irá ampliar suas habilidades de conversação, aprendendo a desenvolver vários tópicos para abordar em situações informais e a contar casos curiosos para apimentar seu repertório em espanhol!

Treine para a missão

- Fale sobre o passado usando apenas dois elementos: *he + hablado*
- Reconheça as formas e se expresse no tempo passado: *¿Qué hiciste?/¿Has visto?*
- Indique há quanto tempo algo aconteceu usando *hace*
- Use o tempo passado para falar sobre a evolução do seu espanhol: *¿He dicho ... bien?*

APRENDENDO A TER CONVERSAS MAIS ABRANGENTES NO IDIOMA

Até agora, suas conversas em espanhol abordaram eventos que estão acontecendo ou irão ocorrer. Nesta unidade, você vai expandir seus conhecimentos e aprender a descrever vividamente suas ações passadas.

Com os detalhes de sua vida, suas conversas ficarão muito mais abrangentes. Também veremos dicas para memorizar verbos irregulares e participar de conversas mesmo que você ainda não conheça todas as formas verbais.

#LANGUAGEHACK

Viagem no tempo: use o *presente* para falar no tempo passado

CONVERSA 1

O que você fez semana passada?

Quando falamos espanhol regularmente com as mesmas pessoas, muitas vezes nos perguntamos: "Sobre o que vou falar?" Usar e entender o tempo passado é uma ótima solução para esse problema. Com ele, você pode contar histórias pessoais e propor diversos tópicos para conversas

07.01 Sarah está conversando de novo com Antonio, um de seus instrutores online, e fala sobre os momentos que passou com sua amiga Julia. Como Antonio pergunta "O que você fez no último fim de semana?"

Antonio: ¡Hola, Sarah! ¿Qué hay de nuevo? ¿Qué has hecho este fin de semana?

Sarah: Julia y yo cenamos en un bar de tapas y hablamos **de nuestros planes** para el fin de semana. Entonces, ayer visitamos la playa y un montón de lugares de Barcelona.

Antonio: ¿Y qué tal?

Sarah: ¡Me divertí! De hecho, descubrí que Julia ama el arte, ¡como yo! Sabe mucho sobre los diferentes tipos de arte que existen.

Antonio: ¡Qué casualidad! Por cierto, conoces a Julia desde la semana pasada, ¿verdad?

Sarah: Así es. ¡Es muy lista! **¡Me cae bien!**

Em espanhol, você geralmente fala ***de*** algo e não "sobre" algo.

DESVENDE

1 Qual é a opinião de Sarah sobre Barcelona?

a É divertida.

b Não é ruim.

c É uma de suas cidades favoritas.

2 Escreva as expressões a seguir em espanhol.

a este fim de semana

____

b Falamos sobre nossos planos

____

c O que há de novo?

____

3 Qual é o significado da palavra *descubrí*? ______________

4 *¿Verdadero o falso?* Selecione a resposta correta.

a Julia gostaria de ir a um restaurante sobre o qual leu. *verdadero / falso*

b Antonio falou com Julia. *verdadero / falso*

c Ontem, Sarah foi à praia. *verdadero / falso*

d Sarah encontrou Julia há uma semana. *verdadero / falso*

OBSERVE

07.02 Ouça o áudio, observe o quadro e repita de acordo com a gravação.

Expressões essenciais da Conversa 1

Espanhol	Significado
¿qué hay de nuevo?	o que há de novo?
¿qué has hecho este fin de semana?	o que você fez no último fim de semana?
cenamos en un bar de tapas	a gente jantou em um bar de tapas
hablamos de nuestros planes	falamos sobre nossos planos
entonces, ayer ...	então, ontem...
visitamos la playa	visitamos a praia
y un montón de lugares	e um monte de lugares
¿y qué tal?	e como foi?
¡me divertí!	eu me diverti!
descubrí que ...	eu descobri que...
... Julia ama el arte	... Julia adora arte
la semana pasada	a semana passada
así es	é isso mesmo
¡es muy lista!	ela é muito esperta!
¡me cae bien!	eu gosto dela!

Parecida em português, a palavra ***montón*** em espanhol indica um "monte" de coisas.

A expressão ***me cae bien*** significa "gosto dessa pessoa", enquanto *me gusta* tem uma conotação mais romântica. *Me cae bien* significa, literalmente, "ele/ela me cai bem".

1 Traduza as expressões a seguir para o espanhol.

a semana passada ______________

b último (anterior) ______________

c ontem ______________

2 Destaque na lista as frases em espanhol correspondentes às expressões indicadas e as escreva a seguir.

a O que você fez? ¿Qué ______________________

b eu me diverti ______________________

c nós visitamos ______________________

d nós falamos ______________________

e a gente jantou ______________________

EXPLICAÇÃO GRAMATICAL: Forme o passado em duas etapas fáceis

Como o português, o espanhol tem várias formas para o passado. Falamos, por exemplo, "eu aprendi", "tenho aprendido", "estava aprendendo" e "havia aprendido".

Saber a diferença entre cada uma dessas formas não é uma prioridade para os iniciantes. Se você usar qualquer forma de passado, os espanhóis vão compreendê-lo. Assim, concentre-se na mais fácil: **"eu tenho aprendido."**

Para criar essa forma, basta seguir dois passos:

Passo 1: Comece com a forma correta do verbo ***haber***. Esse verbo especial se refere a algo que ocorreu no passado (embora ele signifique "ter", não o confunda com *tener* — "ter", no sentido de "possuir").

he	*has*	*ha*	*hemos*	*han*
eu tenho	você tem	ele/ela tem	nós temos	eles(as) têm

GRAMÁTICA:
exceções na forma do passado
Não são muitos, mas alguns verbos não seguem o padrão *-ado* ou *-ido*. Esses são alguns dos mais comuns:
ver → ***visto*** (visto)
hacer → ***hecho*** (feito/realizado)
decir → ***dicho*** (dito/falado)
escribir → ***escrito*** (escrito)

Passo 2: Adicione o verbo que você quer usar no passado com uma leve alteração, que geralmente é muito previsível. Na maioria dos verbos, basta substituir as duas últimas letras do infinitivo da seguinte forma:

Terminação do infinitivo	Terminação do passado	Exemplo
verbos em -ar	***-ado***	*he bailado* (tenho dançado)
verbos em -er e -ir	***-ido***	*he comido* (tenho comido)

Exemplo: para formar a expressão "eu tenho aprendido", faça a seguinte combinação:

he + *aprend**ido*** (**eu tenho** + aprend**ido**)

3 Assim que começar, você logo vai perceber o quanto isso é simples. Para praticar, combine esses dois passos para formar "eu tenho tomado":

____

Confira a seguir alguns exemplos de usos dessa forma:

- *Nunca he ido a Perú.* (Eu nunca fui ao Peru.)
- *He visto muchas películas.* (Eu vi muitos filmes.)
- *¿Has hecho la comida ya?* (Você já fez a comida?)
- *Juan ya me ha dicho eso.* (Juan já me disse isso.)
- *Hemos hablado todo el día.* (Nós conversamos o dia todo.)

VOCÁBULO: *hecho* como '"fato" e "feito"
Lembra de ***hecho***? Você viu essa expressão em ***de hecho***, que significa "de fato". O substantivo **hecho** significa "fato", mas **hecho**, como passado do verbo ***hacer***, significa "feito/realizado".

PRATIQUE

1 Preencha as lacunas a seguir com a forma do passado dos verbos indicados (*haber* + verbo).

a __________ __________ *patatas bravas.* (Eu comi...)

b __________ __________ *español hoy.* (Eu estudei...)

c __________ __________ *al fútbol en el parque.* (Eu joguei...)

d __________ __________ *dos años en Málaga.* (Eu morei...)

2 Antonio também falou um pouco sobre seu passado durante a chamada. Preencha as lacunas a seguir com as respectivas formas do tempo passado.

a __________ __________ *a Canadá tres veces en un año.*
(Eu viajei...)

b __________ __________ *aquí durante mucho tiempo.*
(Eles trabalharam ...)

c *¿Por qué nunca* __________ __________ *esa película? ¡Es fantástica!*
(Por que você nunca viu...?)

d __________ __________ *en ese restaurante antes.*
(Nós comemos...)

e *Esta mañana, Rosa* __________ __________ *sangría.*
(Esta manhã, Rosa bebeu...)

JUNTE TUDO

Vamos usar as formas do passado que você acabou de aprender e criar frases "pessoais" voltadas para conversas reais. Elabore frases que sejam relevantes para você.

1 **Primeiro, responda a pergunta a seguir em espanhol com base nas suas experiências. Diga:**

- Onde você foi (*he ido*)
- Com quem falou
- O que você fez lá.

¿Qué hay de nuevo? ¿Qué has hecho esta semana?

2 **Em seguida, imagine que está conversando com alguém e precisa descrever uma pessoa que você conhece há muito tempo ou algo que nunca fez. Elabore frases usando "sempre" e "nunca" e empregue verbos que ainda não usou para descrever:**

- Um lugar onde você nunca esteve (*nunca he ido a …*)
- Alguém com quem você sempre conversou (*siempre he hablado con …*)
- Algo que ele/ela sempre disse ... (*siempre ha dicho …*)
- Algo que vocês nunca fizeram juntos (*nunca hemos comido …*).

CONVERSA 2

Alguns meses atrás

Outra excelente forma de aumentar a abrangência das suas conversas é aprender a falar em espanhol sobre sua evolução no idioma! Você com certeza vai ouvir essas perguntas. Portanto, prepare suas respostas em espanhol.

Depois de colocarem a conversa em dia, Sarah e Antonio estão falando sobre o que Sarah tem feito para melhorar seu espanhol.

07.03 Como Antonio pergunta "Você teve tempo para... ?'

Antonio: A ver, Sarah, ¿cómo van tus clases? ¿Has tenido tiempo de estudiar español esta semana?

Sarah: Sí, he estudiado un poco. He aprendido unas palabras nuevas y he practicado unas frases con Julia.

Antonio: ¡Excelente! ¿Has hecho tus deberes?

Sarah: Sí, aquí están.

Antonio: ¿Tienes alguna duda?

Sarah: ¡Sí! ¿Cuál es la diferencia entre 'apartamento' y 'piso'? ¿He dicho 'apartamento' bien?

Antonio: ¡No hay ninguna diferencia! Y sí, lo has dicho bien. Por cierto, tengo que decir que eres una estudiante excelente. ¿Cuándo comenzaste a aprender español?

Sarah: He comenzado ... **hace** solo unos meses. El verano pasado decidí viajar **durante** un año, ¡así que compré un billete de avión y volé a Madrid!

Antonio: ¡Es cierto, me olvidé!

VOCÁBULO: *hace*
A palavra ***hace*** significa "há" quando vem antes da expressão de tempo, como no português. ***Hace tres días*** = "Há três dias."

DICA DE GRAMÁTICA: *"por" e passado*
Vimos que você sempre pode dizer *por* para fazer planos (de visitar algum lugar *por una semana*, por exemplo), mas, para descrever períodos no passado, é melhor usar *durante*.

DESVENDE

1 *¿Verdadero o falso?* Selecione a resposta correta.

a Sarah estudou espanhol no fim de semana. *verdadero / falso*

b Sarah praticou algumas frases sozinha. *verdadero / falso*

c Sarah começou a estudar espanhol há um ano. *verdadero / falso*

2 Responda as perguntas a seguir sobre a conversa.

a Como Sarah ajudou Julia a melhorar seu espanhol nesta semana?

____

b Quando (há quanto tempo) Sarah começou a estudar espanhol?

____

c Qual é o significado da frase *¡Me olvidé!*

____

3 Encontre e destaque as 13 ocorrências do tempo passado na conversa.

4 A expressão correspondente a "eu tenho" aparece na conversa sem se referir a nenhuma forma de passado. Escreva-a aqui. (Dica: fique atento às diferentes ordens de palavras.)

5 Traduza as frases a seguir:

a *¿Has tenido tiempo?*

____

b *He aprendido unas palabras nuevas.*

____

c *He comenzado ... hace solo unos meses.*

____

OBSERVE

07.04 Ouça o áudio e observe o quadro.

Expressões essenciais da Conversa 2

Espanhol	Significado
¿has tenido tiempo ...?	você teve tempo...?
he estudiado ...	eu estudei...
he aprendido ...	eu aprendi...
unas palabras nuevas	algumas palavras novas
he practicado ...	eu pratiquei...
unas frases	algumas frases
¿has hecho ...	você fez...
tus deberes?	seu dever de casa?
sí, aquí están	sim, aqui está
¿tienes alguna duda?	você tem alguma dúvida?
¿cuál es la diferencia entre ...?	qual é a diferença entre...?
¿he dicho ... bien?	eu disse... certo?
por cierto, tengo que decir que	a propósito, tenho que dizer que
¿cuándo comenzaste ...	quando você começou...
he comenzado ...	eu comecei...
decidí ...	eu decidi...
compré ...	eu comprei...
un billete de avión	uma passagem de avião
volé a Madrid	eu voei para Madri
¡es cierto, me olvidé!	é verdade, eu esqueci!

1 Traduza as frases para o espanhol.

a Você teve tempo para ...? ____________________

b Eu disse que ... ____________________

c Você teve...? ____________________

VOCÁBULO: *tus deberes*
Na Unidade 2, você viu o verbo *deber* ("dever"). Já a palavra *deberes* significa, literalmente, "tarefas/obrigações". Por isso, a expressão espanhola correspondente a "dever de casa" fica no plural e é acompanhada por *los* (eles) e não por *el* (ele). Você nunca tem pouco dever de casa, você sempre tem muitos!

DICA DE GRAMÁTICA: *o passado simples*
Alguns dos verbos no quadro não correspondem ao padrão que você aprendeu na Conversa 1 porque estão em outra forma do passado, p. ex., *comí* em vez de *he comido* (eu comi). Observe que, no passado simples:

- A **forma do *yo*** geralmente termina em *-é* nos verbos terminados em -ar e *-í* nos verbos terminados em -er/-ir.
- A **forma do *tú*** termina em *-aste* nos verbos terminados em *-ar* e em *-iste* nos verbos terminados em *-er/-ir*
- A **forma do *nosotros*** é a mesma nos verbos terminados em *-ar* (*-amos*) e *-ir* (*-imos*), mas levemente diferente nos verbos terminados em *-er* (*-imos* no passado e *-emos* no presente).

Usamos pouco essa forma neste curso, pois o passado com *haber* se aplica a muitas situações. Em vez de aprender todas as formas, tente se concentrar só em reconhecê-las por enquanto.

2 **Com base na lista, escreva o verbo correto do quadro junto à expressão correspondente em português.**

comenzaste	*me olvidé*	*decidí*

a eu decidi ______________

b você começou ______________

c eu esqueci! ______________

3 **Encontre no quadro as frases no passado a seguir e escreva-as aqui.**

a eu estudei ______________

b eu aprendi ______________

c eu pratiquei ______________

d eu comecei ______________

e eu decidi que ______________

f eu comprei ______________

g eu voei para ______________

h eu esqueci ______________

4 **Preencha as lacunas com as respectivas traduções em português.**

a *Una vez, volé a Canadá.* (Uma vez, ________ ________ para o Canadá.)

b *El verano pasado tomé un tren a Italia.* (No verão passado, ________ ________ um trem para a Itália.)

c *He decidido quedarme aquí.* (________ ________ ficar aqui.)

d *¿María ha visitado México?* (María ________ o Mexico?)

JUNTE TUDO

1 Fale em espanhol sobre seu progresso no idioma! Use as expressões que você aprendeu nesta conversa para descrever como você começou a estudar o idioma e como seus estudos estão agora. O que você aprendeu ou praticou recentemente? Como usou seu tempo? Você tem dúvidas sobre o idioma?

Escreva tudo em espanhol! Inclua as seguintes expressões:

- *He comenzado ...*
- *He practicado / He dicho ...*
- *Esta semana he aprendido ...*
- *He tenido tiempo para ...*

CONVERSA 3

Aprendi espanhol na escola

Sarah e Antonio continuam falando sobre a evolução do espanhol de Sarah. Preste atenção nas palavras e frases que você já conhece.

07.05 Qual frase Sarah usa para dizer "Nós nunca falamos..."?

Às vezes, você deve se expressar usando até mesmo frases incompletas. É o que Sarah faz quando não se preocupa em usar a forma correta de "estar" nesta situação.

Sarah: ¿Sabes que aprendí español en la escuela durante un año?

Antonio: ¿En serio?

Sarah: Lo olvidé todo.

Antonio: ¡Qué fuerte! ¿Por qué?

Sarah: Ese año solo aprendimos gramática. No hablamos nunca en español. Tú dices que es mejor hablar cada día.

Antonio: ¡Claro! ¡Así se aprende más rápido!

Sarah: Ya, pero mi pronunciación entonces ... uf, **¡malísima!**

Antonio: Ahora no tienes un acento fuerte. ¡Hablas bien! ¡Y puedes decir muchas cosas!

Sarah: ¡Gracias, muy amable por tu parte!

DESVENDE

1 Destaque na conversa os cognatos (e quase cognatos) correspondentes às expressões a seguir.

a pronúncia b melhor c gramática

2 *¿Verdadero o falso?* Selecione a resposta correta.

a Sarah estudou espanhol na escola por um ano. *verdadero / falso*

b Eles falavam espanhol na aula com frequência. *verdadero / falso*

c A professora de Sarah disse que sua pronúncia era horrível . *verdadero / falso*

OBSERVE

07.06 Ouça o áudio e observe o quadro.

Expressões essenciais da Conversa 3

Espanhol	Significado
aprendí español en la escuela durante un año	eu estudei espanhol por um ano na escola
¿en serio?	sério?
lo olvidé todo	eu esqueci tudo
ese año	naquele ano
solo aprendimos gramática	nós só aprendemos gramática
no hablamos nunca	nós nunca falamos
me has dicho que ...	você me disse que...
es mejor hablar cada día	é melhor falar todo dia
mi pronunciación entonces ... ¡malísima!	minha pronúncia então ... horrível!
no tienes un acento fuerte	você não tem um sotaque forte
¡muy amable por tu parte!	você é muito gentil!

Quando as palavras *muy* (muito) e *tan* (tão, como em "Foi tão bom!") não forem suficientes, você pode modificar os adjetivos substituindo o *o* por *-ísimo* e o *a* por *-ísima*. Assim, ***buenísimo*** indica que algo foi incrivelmente bom.

1 Traduza as frases a seguir para o espanhol:

a É melhor aprender todos os dias ______________________

b Eu esqueci seu nome ______________________

c Eu estudei espanhol naquele ano ______________________

DICA DE GRAMÁTICA: ***Negativos duplos***
O espanhol adora negativos duplos! Sempre que você diz *nada* (nada), *nadie* (ninguém) ou *nunca* (nunca), geralmente a frase toda fica negativa: *no entiendo nada* (eu não entendo nada), *no conozco a nadie* (eu não conheço ninguém), *no voy nunca* (eu não vou nunca).

2 **Associe as expressões em espanhol com as respectivas traduções em português.**

a *aprendimos*	**1** eu aprendo
b *aprendemos*	**2** eu aprendi
c *aprendo*	**3** eu tenho aprendido
d *hemos aprendido*	**4** nós aprendemos
e *aprendí*	**5** nós aprendemos
f *he aprendido*	**6** nós temos aprendido

3 **Com base na frase *No hablamos nunca*, complete as frases a seguir:**

a *No hemos* ______________. (Não vimos nada.)

b *No hay* ______________. (Não há ninguém aqui.)

c *No he* ______________. (Eu nunca comi paella.)

EXPLICAÇÃO DE VOCABULÁRIO: Indicadores de tempo

Indicadores de tempo

Passado	Futuro	Dias específicos (passado e futuro)
ayer (ontem)	mañana (amanhã)	lunes (segunda-feira)
la semana pasada (semana passada)	la próxima semana (próxima semana)	martes (terça-feira)
el mes pasado (mês passado)	el próximo mes (próximo mês)	miércoles (quarta-feira)
el año pasado (ano passado)	el próximo año (próximo ano)	jueves (quinta-feira)
el miércoles/ verano pasado (última quarta-feira/ último verão)	el próximo noviembre/ fin de semana (próximo novembro/ próximo fim de semana)	viernes (sexta-feira)
una vez (uma vez)	un día (um dia)	sábado (sábado)
hace dos semanas (há duas semanas)	en dos semanas (em duas semanas)	domingo (domingo)

1 Preencha as lacunas com os verbos indicados entre parênteses no passado ou no futuro (*ir a*).

a *El lunes pasado* ______________________ *mi libro de español. (estudiar)*

b *El próximo año mi hermano y yo* ______________________ *a Argentina. (viajar)*

c *La próxima semana yo* ______________________ *un libro en español. (leer)*

d *La semana pasada, el profesor y yo* ______________________ *todo el día. (practicar)*

e *Ayer mis amigos* ______________________ *toda la tarta. (comer)*

f *Hace una semana mi prima* ______________________ *mi ciudad. (visitar)*

PRATIQUE

1 Complete o diálogo.

a *¿Puedes decirme la diferencia entre* _______ _______ _______*?*
(Você pode me dizer a diferença entre **as duas palavras**?)

b *¡* _______ *muy rápido! ¿Qué* _______ _______ *eso?*
(**Você falou** muito depressa! O que isso **significa**?)

c *¿*_______ _______ *eso?* (Você **entendeu** isso?)

d *¿*_______ *es mi* _______*? ¿*_______ _______ *esa* _______ *bien?*
(**Como** está minha **pronúncia**? **Eu disse** essa **palavra** corretamente?)

e *Quería decir la* _______ _______. (Eu quis dizer a **outra palavra**.)

f *Hoy* _______ _______ *un museo y* _______ _______ *mucho sobre arte.*
(Hoje, **eu visitei** um museu e **aprendi** muito sobre arte.)

g _______ _______ *mi* _______ *toda la semana.* (**Eu pratiquei** minha **gramática** toda a semana.)

h _______ _______ *las* _______*. ¿Puedes leerlas y puedes* _______ *si están bien?*
(Eu **escrevi** as **frases**. Você pode lê-las e **me dizer** se estão boas?)

i *Me* _______ _______ *mucho. ¡Gracias!* (**Você me ajudou** muito. Obrigado!)

2 Para praticar os negativos duplos, traduza as frases a seguir.

a Você não me ajuda nunca! ______________________

b Ele não disse nada. ______________________

c Eu não conheço ninguém aqui. ______________________

#LANGUAGEHACK:
Viagem no tempo: três formas de usar o *presente* para falar no tempo passado

Aprender um idioma é um processo. Portanto, o iniciante deve ter em mente que não precisa aprender tudo de uma vez! Como os aspectos mais divertidos dos idiomas são sua flexibilidade, fluidez e criatividade, vamos conferir vários modos inventivos para expressar o passado, mesmo que você ainda não conheça a fundo a gramática e o vocabulário do espanhol.

1 Conte uma história

Você já deve ter contado uma história parecida com esta:

> "Então, outro dia, lá estou eu... cuidando da minha vida, quando alguém aparece, e você não vai adivinhar o que aconteceu...'

Esse tipo de narrativa é excelente porque, embora descreva claramente um evento que ocorreu no passado, a frase inteira está no tempo presente. Utilize esse recurso em espanhol!

Para que esse tipo de narrativa funcione, você só precisa de dois componentes: 1) crie um contexto para a situação e 2) conte o que aconteceu (como você viu na história). Confira o caso a seguir:

Exemplo: *Anoche, estoy en la parada del bus con otras personas, cuando alguien me dice que el bus ya no viene ...* (De noite, estou no ponto de ônibus com outras pessoas, quando alguém me diz que o ônibus não vai mais passar...)

2 Use "tenho..."

Ao longo desta unidade, usamos diversas vezes o passado com o verbo *haber*. Essa forma nem sempre está tecnicamente correta, porque costuma se referir a uma ação que teve início em um passado recente e que ainda pode estar acontecendo.

Mesmo assim, essa é uma ótima opção, pois é fácil formá-la para indicar algo que ocorreu no passado de modo claro e compreensível para as outras pessoas! Essa forma não é perfeita, mas você pode empregá-la sempre que precisar; os falantes nativos vão saber que você está se referindo ao passado. Confira os exemplos a seguir.

Exemplos: *He ido a ese restaurante.* (Eu fui a esse restaurante.)
Ha hecho el trabajo. (Ele fez o trabalho.)

3 Use "nós"

A forma do passado para *nosotros* é igual à do presente na maioria dos verbos.

Ou seja, se você colocar mais alguém em sua história, poderá criar uma narrativa a partir da perspectiva de *nosotros* (em vez de *yo*) e usar a forma do presente; essa é uma dica muito útil!

Exemplo: *Escribimos emails la semana pasada.* — Nós escrevemos e-mails semana passada. (Aqui, você queria dizer "ele me escreveu um e-mail semana passada", mas ainda não conhece a forma).

HACKEANDO: *"nós"*
Fique à vontade para utilizar as formas de *nosotros* no presente e no passado, mas evite essa prática com alguns dos verbos mais irregulares. Lembre-se dos verbos cuja forma do *yo* termina em *-oy* (*voy, estoy, soy*) ou *-go* (*tengo, vengo, digo*), como vimos na Unidade 5. Nos outros casos, use a forma tranquilamente!

4 Use o estilo "Tarzan"!

Se tudo falhar e sua mente ficar em branco, o mundo não vai acabar se você só conseguir lembrar a forma do presente. Use o presente com moderação; as pessoas vão entendê-lo, mesmo que você consiga falar algo como *Ayer ... como pizza.*

No seu estudo do idioma, priorize o desenvolvimento de uma habilidade por vez. Comece com as mais importantes e incremente as outras ao longo do caminho.

DICA DE GRAMÁTICA: ***Verbos irregulares***
Fique atento aos traiçoeiros verbos irregulares, como aqueles cuja forma do ***yo*** no presente termina em ***-oy*** (como ***voy, soy, estoy, doy*** etc.) ou ***-go*** (como ***tengo, vengo, digo*** etc.). Nesses verbos, as formas do passado para ***nosotros*** são diferentes.

SUA VEZ: Use o hack

1 Descreva ações passadas (que você tenha praticado sozinho ou com outras pessoas) usando a forma verbal mais adequada.

Exemplo: *Ayer por la tarde, he ido a la cafetería.*

a *La semana pasada* __________ *el tren a Toledo.* (*tomar*)

b *El lunes pasado* __________ *con mi hermano.* (*viajar*)

c *El otro día* __________ *una tortilla de patatas.* (*preparar*)

2 Conte a história indicada a seguir como se você não conseguisse lembrar as formas do passado dos verbos *buscar* e *encontrar*.

Hace tres días ________________ *las llaves durante dos horas, ¡pero no las* ________________ *!*

(Há três dias, procurei as chaves durante duas horas, mas não as encontrei!)

3 Agora, use o #languagehack da viagem no tempo para falar sobre o passado. Crie frases "pessoais" para descrever ações que ocorreram em diferentes datas. (Não se preocupe demais com a gramática!)

¿Qué hiciste ...? (O que você fez...?)

Exemplo: ... fim de semana passado? El fin de semana pasado ... he llamado a mi familia.

a ... uma semana atrás? ________________

b ... sábado passado? ________________

c ... dois anos atrás? ________________

d ... ontem? ________________

JUNTE TUDO

1 Imagine que você acabou de encontrar um amigo que não via há muito tempo. Você lembra que ele fala espanhol e aproveita a oportunidade para demonstrar suas habilidades enquanto colocam o papo em dia!

Use as expressões que aprendeu nesta unidade para descrever o que você pensou, fez ou disse durante essa conversa. Pesquise novas palavras no dicionário para que seu script fique bastante "pessoal". Diga:

- Onde/quando você o(a) viu: *hace una hora he visto a ...*
- Sobre o que vocês falaram: *hablamos de ...*
- O que ele/ela disse: *ha dicho ...*

FINALIZANDO A UNIDADE 7

Confira o que aprendeu

1 07.07 Ouça Édgar, um falante de espanhol, descrever o que fez de manhã. (Se quiser, tome notas ou ouça a gravação várias vezes.)

2 07.08 Agora, ouça o segundo áudio, que traz perguntas sobre Edgar. Responda em espanhol.

Mostre o que sabe...

Confira o que acabou de aprender. Escreva ou fale um exemplo para cada item da lista e marque os que sabe.

- ☐ Diga as frases a seguir no passado usando *haber*:
  - ☐ "eu pensei" e "eu disse"
  - ☐ "eu vi" e "eu decidi"
  - ☐ "eu era" e "eu aprendi".
- ☐ Elabore uma frase usando *hace* que expresse há quanto tempo fez algo.
- ☐ Diga os indicadores de tempo correspondentes a:
  - ☐ "certa vez" e "ontem"
  - ☐ "semana passada" e "amanhã".
- ☐ Escreva duas frases sobre sua evolução no espanhol.

COMPLETE SUA MISSÃO

É hora de completar sua missão: faça uma cara de paisagem e comece a contar sua história. Tente fazer a comunidade do #languagehacking acreditar na sua narrativa.

Use o "vocabulário pessoal" e as frases no passado que aprendeu nesta unidade para descrever uma importante lição de vida que aprendeu em algum momento de sua trajetória. Escreva, por exemplo, sobre uma situação constrangedora em que usou uma palavra errada em espanhol ou sobre um momento em que superou um problema pessoal e se sentiu bastante motivado.

PASSO 1: Crie seu script

he pensado ... he aprendido ... he hablado ...

Expanda seus scripts com informações sobre seu passado. Inclua:

- Indicadores de tempo para descrever quando o fato em questão aconteceu (*hace* ...)
- Vários verbos no passado e suas diversas formas para descrever o que pensou, o que queria e o que aprendeu, entre outras informações
- O máximo de detalhes possível! (Recorra ao #languagehack da viagem no tempo se tiver dificuldades).

Depois de escrever o script, repita as frases até se sentir confiante.

PASSO 2: Não fique invisível! Use o idioma em contextos sociais reais... *online*

Quando você estiver confortável com o seu script, é hora de completar a missão! Acesse a comunidade online, encontre a missão da Unidade 7 e compartilhe sua gravação.

Durante o aprendizado, a pesquisa destaca a importância do **contexto social** para o estudo do idioma!

PASSO 3: Aprenda com outros estudantes

Quais são as sábias palavras dos outros hackers da linguagem? Você consegue identificar as histórias verdadeiras e as *falsas*?

Sua tarefa é assistir a, pelo menos, dois clipes enviados por outros hackers e, em seguida, fazer três perguntas complementares em espanhol. Confirme se os outros estudantes conseguem manter o ritmo da conversa e os ajude a preencher as lacunas nos seus scripts. Lembre-se também de determinar se as histórias deles são verdadeiras ou falsas. Arrisque um palpite.

PASSO 4: Avalie o que aprendeu

-
-
-
-

EI, HACKER DA LINGUAGEM, QUE TAL ESSA GRANDE MUDANÇA, HEIN?

Agora você consegue falar sobre qualquer coisa no passado! Pode até mesmo relembrar os velhos tempos, em que não dominava o espanhol. A seguir, você vai incluir ainda mais detalhes nas suas conversas e descrever ações específicas da sua rotina. *¡Ya has aprendido mucho español!*

8 JÁ FAZ UM TEMPO!

Sua missão

Imagine a seguinte situação: um dos seus amigos espanhóis tem um blog sobre rotinas de pessoas altamente produtivas (como os leitores deste livro) e pede que você colabore com um artigo.

Sua missão é escrever, em espanhol, algumas boas dicas de produtividade para o blog. **Descreva sua rotina**, do café da manhã até a hora de dormir. Fale sobre **o que está dando certo** e **o que gostaria de mudar**.

O objetivo desta missão é desenvolver sua capacidade de conversar sobre temas cotidianos e trivialidades em espanhol.

Treine para a missão

- Aprenda a falar sobre seus passatempos e hábitos diários
- Use frases versáteis para expressar suas opiniões e percepções: *es importante*, *me alegro de*, *veo que*
- Aprenda frases para bater papo com pessoas conhecidas: *cuánto tiempo*, *me alegro de verte*
- Formule frases com base nos meios de transporte, como *tomar el metro*
- Descreva hipóteses com *podría*

APRENDA A DESCREVER SEU DIA A DIA NO IDIOMA

Em regra, os iniciantes no estudo do espanhol sentem dificuldades em conversas mais específicas e, por isso, devem se concentrar em expressar a ideia central da sua mensagem.

Mas você já pode se considerar um *iniciante de alto nível!* Portanto, aprenda alguns truques para adicionar mais detalhes às suas conversas com poucos acréscimos ao seu vocabulário. Nesta unidade, vamos dividir uma conversa típica em partes e desenvolver uma estratégia mais complexa para que a sequência flua naturalmente!

#LANGUAGEHACK
A técnica da reformulação para lidar com frases complicadas

CONVERSA 1

DICA CULTURAL: ***besitos***
Como Sarah já conhece Felipe, quando ela o vê de novo, eles se cumprimentam com **besitos**, beijinhos no rosto. Esse é um cumprimento comum entre homens e mulheres e entre mulheres em muitos países hispânicos.

Já faz um tempo!

Depois dos cumprimentos iniciais, para onde a conversa deve ir? Para não ter que improvisar na hora, prepare-se para essas situações criando frases estratégicas para iniciar, quebrar o gelo e manter o ritmo de qualquer conversa.

Sarah e Felipe se encontram para almoçar em um café. Como eles já se conhecem, não precisam usar as expressões e cumprimentos iniciais.

08.01 Quais frases Felipe e Sarah usam para "quebrar o gelo" da conversa?

*O verbo **tomar** também pode ser usado dessa forma. Você também verá estoy comiendo (eu estou comendo) e estás hablando (você está falando).*

Felipe: ¡Hola, Sarah! ¡Me alegro de volver a verte!
Sarah: ¡Sí, cuánto tiempo!
Felipe: Veo que tu nivel de español es mucho mejor. Así que, dime, ¿qué tal todo?
Sarah: Bueno, estoy muy ocupada últimamente. Hace poco he comenzado a cocinar. ¡**Estoy tomando** clases!
Felipe: **¡Vaya!** ¿Y qué has aprendido hasta ahora?
Sarah: La última vez aprendimos cómo hacer tortilla de patatas. Cuando intento hacerla en casa, nunca está buena.
Felipe: ¡Ánimo! Yo soy un desastre en la cocina ... Pero practicar es importante.
Sarah: Lo sé, pero aprendo rápido. ¡La próxima vez espero aprender a hacer arroz con leche!

VOCÁBULO: *"Madre mía"*
Algumas expressões úteis: ***¡Vaya!*** ("Uau!"), ***¡Por Dios!*** ("meu Deus"), ***¡Madre mía!*** (literalmente, "minha mãe!" — expressa surpresa), ***¡Maldita sea!*** ("Que droga!", uma expressão leve de desagrado), ***¡Anda/ Venga ya!*** ("Não diga!"/Ah, o que é isso!" — expressa desconfiança).

DESVENDE

1 Com base na conversa, complete as frases a seguir. Sublinhe as frases correspondentes em espanhol.

a Felipe acha que o espanhol de Sarah está ____________.

b Sarah começou a fazer aula de culinária ____________.

c Na última aula, Sarah aprendeu a fazer ____________.

2 Como se diz "Estou feliz por vê-lo de novo" em espanhol?

____

3 Responda as perguntas a seguir em espanhol:

a *¿Qué ha comenzado a hacer recientemente Sarah?* ____________

____

b *¿Qué va a hacer Sarah en la próxima clase de cocina?*

____

4 Destaque na conversa as expressões correspondentes às frases a seguir em espanhol:

a Alguma novidade?

b Já faz um tempo

5 Traduza para o português a frase *practicar es importante.*

____

OBSERVE

08.02 Ouça o áudio e observe o quadro.

Expressões essenciais da Conversa 1

Em geral, o verbo **volver** significa "voltar", mas nesta frase tem o sentido de "fazer de novo".

A palavra **pasado** indica o estado "mais recente" (último) de algo. No entanto, para descrever o elemento "final" ou o "último" de uma série limitada — geralmente uma quantidade finita, como em "vez" —, é melhor usar **últim@**.

Espanhol	Significado
¡me alegro de volver a verte!	estou feliz por voltar a vê-lo!
¡cuánto tiempo!	há quanto tempo!
veo que ...	eu vejo que...
¿qué tal todo?	como andam as coisas?
estoy muy ocupada últimamente	eu estou muito ocupada no momento
hace poco he comenzado a ...	recentemente, eu comecei...
cocinar	cozinhar
¡estoy tomando clases!	eu estou tendo aulas!
hasta ahora	até agora
la última vez	da última vez
aprendimos como hacer ...	aprendemos a fazer ...
cuando intento ...	quando tento...
¡ánimo!	anime-se!
¡yo soy un desastre en la cocina!	eu sou um desastre na cozinha!
la próxima vez	na próxima vez

1 Com base na expressão correspondente a "última/próxima vez", escreva as expressões a seguir em espanhol.

a A última aula ____________

b A próxima pessoa ____________

c A próxima hora. ____________

2 Preencha as lacunas a seguir com as respectivas expressões:

a ¡____________ *tiempo!* (Há quanto tempo!)

b ¿____________ *has aprendido hasta ahora?* (O que você aprendeu até agora?)

c *¡Aprendo* ____________ *!* (Eu aprendo depressa!)

d *Espero aprender* ____________ (Espero aprender a fazer...)

TÁTICA DE CONVERSA: Aprenda frases padrão para cada "etapa" da conversa

É comum ficarmos nervosos quando não sabemos o que falar nas conversas. Daí vem a facilidade de encontrar alguém pela primeira vez, pois basta fazer sua apresentação. Mas depois de conhecer e cumprimentar a pessoa, é necessário manter o ritmo da conversa!

Portanto, ao compreender a estrutura típica dos diálogos, você pode dividir a conversa em partes e preparar frases para cada etapa. Assim, nunca vai ficar parado, pensando no que dizer em seguida.

Anime a conversa

Nos primeiros momentos da conversa, utilize cortesias mais extensas para ganhar tempo e organizar seus pensamentos. Por exemplo:

- *¡Cuánto tiempo!* — Há quanto tempo!
- *¡Me alegro de volver a verte!* — Estou feliz por vê-lo de novo!

Inicie a conversa

Depois dos cumprimentos iniciais, vem o primeiro tópico da conversa. Prepare frases que instiguem a outra pessoa a falar por alguns minutos:

- *¿Qué tal todo?* — Como estão as coisas?
- *Dime, ¿qué te cuentas?* — Diga, alguma novidade?
- *Veo que ... (no has cambiado)* — Vejo que... (você não mudou)

Conduza a conversa

Quando chegar a sua vez de falar novamente, escolha as frases necessárias para conduzir a conversa e apresentar um novo assunto:

- *Bueno, hace poco he comenzado a ...* — Bem, recentemente, comecei a...
- *... trabajar como secretaria ...* — ... trabalhar como secretária ...
- *... tomar clases de cocina, etc.* — ... fazer aulas de culinária etc.
- *Últimamente ...* — Ultimamente...

Estimule a conversa

Enquanto estiver ouvindo a outra pessoa, demonstre seu interesse com expletivos como *¡interesante!* ou *¿de verdad?* Além disso, você também pode elaborar com antecedência uma pergunta um pouco mais específica para que a outra pessoa desenvolva o assunto e prolongue a conversa:

- *Entonces, ¿te gusta?* — Então, você gostou?
- *¿Y cómo lo has encontrado?* — E como você o achou?

Inclua detalhes na conversa

Lembre-se de que, para aproveitar melhor a conversa, você pode desenvolver um assunto simples com informações mais detalhadas, como quando, onde e como algo aconteceu. Na Conversa 1, Sarah descreve seu passatempo, cozinhar: *He comenzado a cocinar.*

Em seguida, ela desenvolve o tema com informações descritivas (quando/o quê?):

- *la última vez* (quando) *aprendimos … tortilla de patatas* (o quê)
- *cuando intento …* (como) *… en casa* (onde)
- *hoy* (quando) *espero … arroz con leche* (o quê)

Observe no quadro a seguir duas alternativas para manter o ritmo de uma conversa:

Hacker da Linguagem A	Hacker da Linguagem B
Aquecimento da conversa *¡Cuánto tiempo!* *¡Me alegro de volver a verte!*	**Aquecimento da conversa** *¡Muchas gracias por …!*
Início de conversa *Dime, ¿qué te cuentas?* *Veo que … (no has cambiado / ahora tienes novia …)* *Háblame de ti …*	**Respostas iniciais** *No tengo mucho que contar* *Hago … lo de siempre*
	Continuação da conversa *Bueno, hace poco he comenzado a …* *En este momento, yo …* *La última vez que hablamos …*
Extensões da conversa *Entonces ¿te gusta?* *¿Y cómo lo encontraste?*	**Detalhes da conversa** *La última vez (quando) he aprendido … cocido madrileño (o quê)* *Cuando intento … (como) ... en casa (onde)* *Hoy (quando) espero … arroz con leche (o quê)*

PRATIQUE

1 **Releia a lista de frases e destaque os seguintes componentes:**

a dois aquecimentos da conversa

b dois inícios da conversa

c uma continuação da conversa

2 Crie dois modos de iniciar uma conversa usando os verbos *saber*, *conocer* e *ver* em sua forma correta.

a *Eu sei que...* ____________________

b *Você sabia que...?* ____________________

c *Você viu...?* ____________________

3 Qual é o seu passatempo? Escolha um passatempo que provavelmente mencionaria em uma conversa. Em seguida, use as expressões *hace poco he comenzado a...* ou *en este momento...* e seu vocabulário "pessoal" para criar dois **modelos de conversação**.

____

____

JUNTE TUDO

1 Crie um script para descrever seu passatempo a um amigo. Comece com um modelo de conversação, mas adicione detalhes sobre o assunto no decorrer do texto. Inclua:

- Detalhes que indiquem por que/quando você começou a praticar a atividade em questão (*hace poco, he comenzado, hace*)
- Detalhes que descrevam seu passatempo (*la última vez, cuando intento ...*)
- Informações sobre o que aprendeu ou realizou até o momento (*hasta ahora*)
- Detalhes sobre o que pretende aprender ou realizar (*espero*)
- As expressões *Es* ... ou *estoy* ... (*ejemplo: interesante/contento ...*)

CONVERSA 2

Sua rotina

O que você faz normalmente durante o dia? Como é sua semana? Sarah e Felipe falam sobre seus hábitos cotidianos.

08.03 Como Sarah diz "foi estranho da primeira vez"?

Como no português, algumas palavras são abreviadas em espanhol, como ***bici*** *(bicicleta)* e ***tele*** *(televisión)*. Isso também ocorre com palavras inusitadas, como *boli* (*bolígrafo*, caneta), *peli* (*película*, filme) e muitas outras.

A forma verbal **suelo** significa "eu costumo". Adoro esse verbo: é muito útil para complementar o infinitivo do outro verbo e para indicar uma ação frequente! Adicione-o à lista de verbos auxiliares que você aprendeu na Unidade 4!

Felipe: Parece que te va bien en Madrid.

Sarah: Sí, gracias. Al principio era raro, pero ahora tengo una rutina. A menudo, antes de ir al trabajo, suelo pasear por la ciudad.

Felipe: Yo también. Normalmente paseo a mi perro en el parque por la mañana. De vez en cuando voy en **bici** al campo, para tomar el aire.

Sarah: ¡Yo voy en bicicleta a todos lados! No tomo el metro.

Felipe: Yo tampoco, o raramente, porque a veces voy al trabajo en coche. Y por la noche **suelo** cenar en el mismo lugar. Tienen el mejor bocadillo de jamón.

Sarah: Normalmente cocino en casa, pero de vez en cuando vengo aquí, a esta cafetería, para comer.

Felipe: Nunca he estado aquí antes. ¿Te gustaría pedir algo?

DESVENDE

1 Corrija as afirmativas *falsas* a seguir para que se tornem *verdaderas*.

a Sarah pega o metrô. ______

b Felipe raramente vai trabalhar de carro. ______

c Sarah janta no restaurante que tem o pior sanduíche de presunto. ______

d Felipe normalmente almoça em um café. ______

2 Como estão as coisas para Sarah em Madri? Preencha as lacunas a seguir.

No início, foi ______, mas agora ______.

3 Qual é a frase correspondente a "Me parece que..."? Escreva-a em espanhol. Na sua opinião, essa frase serve para iniciar, animar ou prolongar uma conversa? ____________________

____

4 Encontre o seguinte:

a quatro expressões de sentido oposto:
____________ (eu também) ____________ (raramente)
____________ (nem eu) ____________ (normalmente)

b dois meios de transporte ____________ ____________

OBSERVE

08.04 Ouça o áudio e observe o quadro.

Expressões essenciais da Conversa 2

Espanhol	Significado
parece que te va bien	parece que você está bem
al principio era raro ... pero ahora ...	foi estranho no início... mas agora...
a menudo, antes de ir al trabajo	frequentemente, antes do trabalho
suelo pasear por la ciudad	eu costumo passear pela cidade
normalmente paseo a mi perro	normalmente, eu passeio com meu cachorro
de vez en cuando	de vez em quando
para tomar el aire	para tomar ar
voy en bicicleta a todos lados	eu vou de bicicleta a todos os lugares
yo tampoco	nem eu
raramente	raramente
a veces	às vezes
el mismo restaurante	o mesmo restaurante
vengo aquí, a esta cafetería	venho aqui, a este café
nunca he estado aquí antes	eu nunca estive aqui antes

Como ***mucho*** e ***tanto,*** a palavra ***mismo*** muda de acordo com o gênero e o número do substantivo que acompanha: ***los mismos hermanos*** (os mesmos irmãos), ***la misma casa*** (a mesma casa).

1 Transforme a afirmação *te va bien* em uma pergunta para iniciar uma conversa. ____________________

2 Consulte a conversa e preencha o quadro com "expressões de detalhes" que respondam as seguintes perguntas: Quando? Com que frequência? Por quê/Como/Onde?

Detalhes da conversa

Quando?	Com que frequência?	Onde?	Por quê?/ Como?
de manhã por la mañana	normalmente normalmente	pela cidade j ______	de carro n ______
antes do trabalho a ______	de vez em quando d ______	no parque por el parque	para almoçar o ______
de noite b ______	raramente e ______	por toda parte ______	
antes c ______	com frequência f ______	o mesmo (lugar) l ______	
	sempre g ______	em casa m ______	
	às vezes h ______		
	nunca i ______		

3 Descreva o que você normalmente faz durante a semana usando *suelo* ...

Exemplo: *El miércoles por la noche suelo ...* ver mi serie favorita en la tele.

a *El sábado por la tarde* ______

b *El domingo por la mañana* ______

c *El viernes después del trabajo* ______

d *El jueves después del almuerzo* ______

e *El martes antes de dormir* ______

PRATIQUE

1 Quais atividades ou passatempos você pratica? Descreva seus passatempos usando verbos "pessoais".

Exemplo: Toco el violín.

Você constrói coisas? Corre todo dia? Canta, dança ou levanta pesos? Pesquise esses verbos "pessoais" no dicionário.

Como no português, os espanhóis usam o verbo ***tocar*** para dizer que "tocam" um instrumento: ***¿Tocas el piano?*** (Você toca piano?)

2 Crie frases para adicionar detalhes a uma estrutura básica e desenvolver uma ideia. *¿Cuál es tu lugar favorito?* Primeiro, pense em um dos seus lugares favoritos mais próximos.

a Escreva uma frase simples sobre ele em espanhol.

b Use a frase *Voy a ... porque* para explicar por que você costuma ir ao local e com que frequência.

c Use a frase *Nunca he ido a...* para descrever um lugar onde nunca esteve, mas a que gostaria de ir algum dia.

JUNTE TUDO

1 Crie um script para descrever diferentes momentos do seu dia a dia. Incremente frases básicas com descrições mais detalhadas do seu cotidiano. Indique:

- Como você vai para o trabalho/escola diariamente
- Seus afazeres diários
- Seus passatempos, interesses e outras atividades
- Com que frequência, quando, onde, por que e como você realiza suas tarefas diárias.

CONVERSA 3

Saia à noite

Para se despedir, você já conhece expressões essenciais como *¡hasta luego!* e *¡hasta la próxima!* Agora, aprenda frases para marcar o próximo encontro.

08.05 Sarah e Felipe estão conversando sobre saírem juntos à noite. Como Felipe pergunta "O que você vai fazer depois"?

Felipe: ¿Qué vas a hacer después? Espero ir al parque con unos amigos a jugar un partidillo de fútbol. ¿Te gustaría venir?

Sarah: Me encantaría, pero por desgracia ya he planeado ir de compras con alguien y, después, mi clase de cocina comienza a las cuatro de la tarde. ¡Si quieres, luego tengo tiempo libre!

Felipe: ¡Eso estaría genial! Hay una **fiestecita** en mi casa esta noche. ¡Podrías venir!

Sarah: ¡Bien! ¿Qué debo llevar? Y ¿a qué hora?

Felipe: A las nueve. Un postre sería perfecto. Por ejemplo, el arroz con leche que vas a preparar esta tarde, ¿vale?

Sarah: ¡Qué buena idea! ¿Dónde vives?

Felipe: No está lejos. Mi casa está cerca de la estación de tren.

Sarah: ¿Podrías escribir la dirección? Así puedo ponerla en el mapa de mi móvil.

VOCÁBULO: ***diminutivos***
-it@, -ecit@, -ill@
É comum ouvir os espanhóis usarem diminutivos, pequenas mudanças na grafia que podem ser aplicadas a quase qualquer palavra para criar uma conotação de familiaridade, graça ou tamanho. As pessoas costumam se referir aos irmãos como ***hermanito*** ou ***hermanita***, e vimos que Sarah mencionou que há um ***perrito*** em seu apartamento. Para praticar, troque o *-a* ou *-o* no final de um substantivo por ***-ito/-ita/-ecito/-ecita/-illo/-illa*** e crie esse outro sentido. Aqui, Felipe sugere que o evento é uma "festinha legal".

DESVENDE

1 *¿Verdadero o falso?* Escolha *v* ou *f*.

- a Depois, Felipe vai beber com seu irmão. *v/f*
- b Felipe convida Sarah para jogar futebol com ele e, depois, ir a uma confraternização. *v/f*
- c Sarah já planejou fazer compras com alguém. *v/f*
- d A aula de espanhol de Sarah começa às 4h da tarde. *v/f*

2 **Encontre os componentes de conversação indicados a seguir.**

a Primeiro, destaque a frase utilizada por Felipe para descrever seu plano de ir ao parque.

b Em seguida, circule os respectivos detalhes (Por quê? Com quem?).

c Destaque a frase em que Sarah fala sobre fazer compras.

d Circule os respectivos detalhes (Com quem?).

OBSERVE

08.06 Ouça o áudio e observe o quadro.

Expressões essenciais da Conversa 3

Espanhol	Significado
¿qué vas a hacer después?	o que você vai fazer mais tarde?
espero ir al parque con unos amigos	espero ir ao parque com alguns amigos
a jugar un partidillo de fútbol	para jogar uma partidinha de futebol
¿te gustaría venir?	você gostaria de vir?
me encantaría	eu adoraria
pero por desgracia ya he planeado	mas infelizmente eu já planejei
ir de compras con alguien	fazer compras com alguém
a las cuatro de la tarde	às quatro da tarde.
tengo tiempo libre	eu tenho tempo livre
¡eso estaría genial!	isso seria ótimo!
hay una fiestecita esta noche	há uma festinha hoje à noite
¡podrías venir!	você poderia ir!
¿qué debo llevar?	o que eu levo?
¿a qué hora?	a que horas?
un postre sería perfecto	uma sobremesa seria perfeito
esta tarde	esta tarde
mi casa está cerca de la estación de tren	minha casa fica ao lado da estação de trem
¿podrías escribir la dirección?	você pode escrever o endereço?
así puedo ponerla en el mapa de mi móvil!	assim posso colocá-lo no mapa do meu celular!

***Poner* significa "pôr" e "vestir". Como se diz "O que devo vestir" em espanhol?**

EXPLICAÇÃO CULTURAL: As horas na Espanha

Os espanhóis utilizam o sistema de 24 horas. Para diferenciar cada momento do dia, eles dizem:

de la mañana	da manhã
de la tarde	da tarde
de la noche	da noite

Exemplo:

07h00	*siete de la mañana*
14h00	*dos de la tarde*
23h00	*once de la noche*

O horário é indicado com ***a las*** (*las* porque se refere a *horas*), como em *a las 8 de la mañana* (às 8h da manhã).

1 **Encontre frases que sirvam para pedir "mais detalhes" no quadro de expressões da Conversa 3 e escreva-as em espanhol.**

a O que eu levo? ____________________

b A que horas? ____________________

c Você pode escrever o endereço para mim? ____________________

d Posso colocá-lo no mapa do meu celular.

____

Use seu vocabulário e as frases a seguir como modelos para criar novas frases em espanhol.

e O que devo comer? ____________________

f A que horas termina? (*terminar*) ____________________

g Você sabe o endereço? ____________________

h Onde é a confraternização? ____________________

i Quando devo chegar? ____________________

j Posso levar vinho? (*vino*) ____________________

EXPLICAÇÃO GRAMATICAL: Condicionais

Para se referir a uma possibilidade futura (ou seja, uma hipótese) em espanhol, **adicione** *-ía* ao infinitivo dos verbos ao **usar** *yo* **e** *él/ella.*

Por exemplo: ***Yo iría** a España.* (**Eu iria** para a Espanha)
***Ella iría** a Venezuela.* (**Ela iria** para a Venezuela).

Em termos gramaticais, esse é o modo condicional. As outras formas também recebem a terminação *-ía* e um elemento semelhante às terminações do tempo presente (*-ías*, para você; *-íamos*, para nós; *-ían*, para eles/elas).

Confira alguns exemplos:

*Compra**rían** la casa.*	(**Eles comprariam** a casa.)
*¿Habla**ríamos** español o inglés?*	(**Nós falaríamos** espanhol ou inglês?)
*¿Lo vende**rías** por 50 €?*	(**Você o venderia** por 50 euros?)

Alguns verbos importantes não seguem esse padrão, como **podría** (eu poderia), que não conserva o *e* de **poder**. Você vai aprendê-los com o tempo. Até lá, será compreendido sem problemas se usar os verbos de acordo com essa regra!

O símbolo da moeda geralmente vem depois do número no espanhol, mas os pontos e decimais seguem o padrão do português (2200,00 €).

1 Para praticar, destaque a versão correta do condicional nas frases a seguir:

a Eu... , mas... (*voy, iría*)

b Eu ... ? (*debo, debería*)

c Ele...? (*podría, puede*)

d Você...? (*puedes, podrías*)

2 Preencha as lacunas a seguir com o respectivo condicional:

a *¡Me ____________ vivir en España! (encantar)*

b *Mis primos ____________ contentos de (estar) ver la película.*

c *Ella ____________ ir a tu casa. (intentar)*

d *Yo ____________ a la playa este (ir) fin de semana, pero tengo que trabajar.*

e *Me ____________ ir contigo. (gustar)*

f *¿ ____________ más lento, por favor? (hablar)*

PRATIQUE

O diálogo a seguir é uma conversa sobre planos. Utilize as sugestões indicadas em português para formular frases em espanhol de diferentes formas.

1 Combine as frases e convide alguém para fazer algo.

Exemplo: *¿Comemos en un restaurante chino* ________?
(esta tarde) (segunda-feira) (logo) (às 7 da noite) (próxima semana)
¿Comemos en un restaurante chino la semana que viene?

a *¿Qué haces* ________? (depois) (mais tarde) (às 5 da tarde) (à noite) (amanhã)

____

____

b *¿Tienes tiempo libre* ________ *para ir al concierto?*
(depois) (mais tarde) (às 5 da tarde) (à noite) (amanhã)

____

____

c *¡Te* ________ *venir!* (gostaria) (adoraria)

____

____

2 Formule frases para aceitar ou recusar um convite.

a *Eso sería* ________. (legal) (perfeito) (surpreendente) (divertido) (impossível) (tarde demais)

____

____

b *Me encantaría, pero* ________. (infelizmente...) (eu já tenho planos) (estou ocupado)

____

____

3 Como você diria o seguinte em espanhol?

a Você gostaria de aprender espanhol comigo?

____

b Você poderia me perguntar da próxima vez?

____

4 Para praticar, determine o significado dos verbos condicionais a seguir e escreva as expressões correspondentes em português.

a *prepararías* ____________

b *yo sería* ____________

c *ella viajaría* ____________

d *parecería* ____________

e *podrías* ____________

JUNTE TUDO

1 Descreva o que você faria se tivesse uma folga em um lindo dia de verão. Indique:

- A primeira coisa que você faria (*primero iría ...*)
- Uma comida ou bebida diferente que experimentaria
- Algo que você não teria que fazer
- O local a que você iria e como chegaria lá.

2 Imagine que você foi convidado para participar de uma aventura exótica (como fazer uma trilha em Machu Pichu, participar da *la tomatina* ou outra coisa que não tenha feito antes) e tem muitas dúvidas! Crie um script em espanhol e fale sobre esse convite usando frases e perguntas. Recorra ao dicionário sempre que precisar.

- Diga quando vai ter tempo livre para viajar (*Podría ir ...*)
- Pergunte os detalhes da viagem: qual é o local, quando começa, quando termina (*¿Cuándo comienza el viaje?*)
- Pergunte o que você deve levar (*¿Qué debo llevar?*)
- Descreva como você acha que a viagem será (*Creo que sería ...*).

DICA CULTURAL:
la tomatina
A ***tomatina*** é um festival realizado na vila de Buñol, na Espanha, onde milhares de pessoas se reúnem uma vez por ano para jogar tomates umas nas outras. **¿Por qué no?**

#LANGUAGEHACK:
A técnica da reformulação para lidar com frases complicadas

Você está acostumado a se expressar na sua língua materna usando recursos complexos e diversificados, mas isso não é possível logo no início do aprendizado de um novo idioma. Parte do processo de aprender uma nova língua consiste em se acostumar (e ficar à vontade) com essa restrição. Então, como transmitir ideias e sentimentos complexos contando apenas com as noções básicas de um idioma?

Nem tudo está perdido! Para se expressar, você só precisa reformular um pouco suas frases e encaixar as ideias em estruturas mais simples, usando palavras e expressões com as quais se sinta mais confortável. Vamos ver como podemos fazer isso.

- Primeiro, reconheça que as regras para se expressar com a eloquência de um falante nativo (em geral) não se aplicam a você. Aquela linguagem sutil na sua cabeça, a vontade de transmitir um certo tom e distinção... às vezes, você deve *deixar tudo isso de lado.*
  "Desculpe... sinto muito... Sem querer, eu ouvi você falar espanhol... Na verdade, estou estudando há algum tempo... Posso praticar um pouco com você? Espero não estar incomodando..."
- *Depois, defina a ideia principal a ser transmitida.*
  "Você fala espanhol? Eu também! Vamos conversar."
- Finalmente, "pegue carona" em uma expressão semelhante que dê conta do recado.
  ¿Hablas español? Yo también. ¡Vamos a hablar!

De volta ao básico

Em geral, a ideia central a ser transmitida costuma ser bastante simples.

- Em vez de "Gostaria de dançar comigo", você pode dizer "Dança comigo!" — *¡Baila conmigo!*
- Em vez de "Devo evitar comer peixe o máximo possível devido a um problema de saúde que tenho", você pode dizer "Não posso comer peixe porque tenho alergia" (ou use o "espanhol Tarzan": "peixe... não!" — *no pescado*).
- Em vez de "Procuro um colega de quarto que fala espanhol e queira alugar o cômodo por, pelo menos, 12 meses", você pode dizer algo como "Preciso de um colega de quarto. 1 ano. Ele/ela fala espanhol." — *Busco compañer@ de piso: 1 año. Habla español.*

Expressões de alta complexidade

Em espanhol, há diversas expressões que, embora sejam comuns, podem ser difíceis de usar no início do aprendizado. Por exemplo, ao reencontrar um amigo depois de algum tempo sem vê-lo, você pode querer dizer algo como *Me alegro de que...* para descrever suas emoções.

Contudo, essa é uma frase muito complicada e inclui uma forma verbal que ainda não abordamos. Nesse caso, o que você pode dizer para expressar sua alegria ao ver seu amigo? Se você disser *¡Estás aquí! ¡Estoy muy feliz!*, seu amigo certamente saberá que você está animado por vê-lo!

SUA VEZ: Use o hack

Pratique sua habilidade de reformulação agora. Para cada frase a seguir, escreva uma alternativa (mais curta) em espanhol, para transmitir uma ideia parecida com a original sem recorrer a operações gramaticais sofisticadas. Fique à vontade para formular as frases como quiser, mas tente transmitir a ideia da forma mais simples e eficiente possível.

Lembre-se de que **essa é uma habilidade**, ou seja, a melhor forma de desenvolvê-la é praticando.

Exemplo: Provavelmente, não conseguirei sair com você.
→ No puedo ir contigo. (Eu não posso sair com você.)

a Não tenho certeza se eles conseguirão vencer (*ganar*) o jogo.

____

b Estou tão feliz por termos conseguido vir ao restaurante juntos.

____

c Eu gostaria muito se você quisesse dançar comigo.

____

d Eu prefiro ir ao supermercado mais tarde.

____

FINALIZANDO A UNIDADE 8

Confira o que aprendeu

1 🔊 **08.07** Ouça o áudio de treino, em que uma espanhola, Cristina, descreve sua rotina e as coisas que deseja fazer. Fique à vontade para tomar notas e ouvir novamente a gravação.

2 🔊 **08.08** Agora, ouça as perguntas sobre o primeiro áudio e responda em espanhol.

Mostre o que sabe...

Confira o que acabou de aprender. Escreva ou fale um exemplo para cada item da lista e marque os que sabe.

- ☐ Escreva uma frase que descreva um passatempo.
- ☐ Escreva dois detalhes sobre seu passatempo.
- ☐ Formule três frases que descrevam sua rotina usando as expressões espanholas correspondentes a:
  - ☐ "com frequência"
  - ☐ "geralmente"
  - ☐ "às vezes"
- ☐ Diga as expressões "eu seria" e "eu poderia" em espanhol.

COMPLETE SUA MISSÃO

É hora de completar sua missão: escrever uma excelente dica de produtividade para o blog do seu amigo. Para isso, analise sua rotina e suas tarefas habituais. Se puder, leia alguns blogs espanhóis sobre produtividade e mindfulness para se inspirar.

Para completar a missão, pesquise blogs em espanhol sobre "hábitos" e "produtividade". Procure pelos termos **productividad** e **ser más productivo.**

PASSO 1: Crie seu script

Continue a desenvolver seu script com as frases que aprendeu nesta unidade e seu "vocabulário pessoal". Prepare-se para responder as perguntas mais frequentes:

- Fale sobre diferentes aspectos da sua vida e rotina semanal
- Descreva um local a que vai, como chega lá e o que faz
- Inclua detalhes que indiquem frequência, onde, por que e como
- Descreva algo que gostaria de fazer, mas ainda não fez
- Descreva algo que você gosta na sua rotina e o que poderia ser melhor.

Depois de escrever o script, repita as frases até se sentir confiante.

Quando estamos aprendendo um novo idioma, é inevitável cometer erros. Parte do charme de falar um segundo idioma está em perceber que as pessoas são bem menos críticas do que imaginamos!

PASSO 2: Aprenda com seus erros e com os dos outros... *online*

Essencialmente, se você comete erros, está aprendendo, e ao falar o idioma, pode identificar melhor e corrigir esses lapsos por conta própria. Além disso, é possível aprender com os erros dos outros hackers da linguagem. Portanto, leia as correções e comentários dos membros da comunidade. Você vai ver como seus erros são comuns para a grande maioria dos estudantes.

É hora de completar a missão. Compartilhe suas dicas de produtividade com a comunidade! Você também pode se beneficiar das muitas sugestões gratuitas disponíveis e aumentar sua eficiência. Então, acesse a comunidade online e encontre a missão da Unidade 8. Use esse espaço para aprender a integrar o estudo do espanhol à sua rotina.

PASSO 3: Aprenda com outros estudantes

Você recebeu dicas de produtividade dos outros hackers da linguagem? Quais? Depois de enviar seu clipe, confira como os outros membros da comunidade descrevem suas rotinas. **Sua tarefa é comunicar a pelo menos três pessoas o que você achou mais interessante na rotina delas.**

Lembre-se de utilizar expressões para iniciar, continuar e estimular a conversa. Por exemplo, *veo que tu...* (Eu vejo que você...).

PASSO 4: Avalie o que aprendeu

EI, HACKER DA LINGUAGEM, VOCÊ JÁ ESTÁ QUASE LÁ!

Nesta unidade, abordamos sua estratégia de preparação para os tipos de conversas mais frequentes no idioma. Todos os scripts que você criou até agora estão orientados a esse objetivo.

Nas Missões 9 e 10, você aprenderá mais estratégias e ficará surpreso com o alto nível de sua primeira conversa...

¡Ya queda poco!

9 DESCREVA!

Sua missão

Imagine que você pretende atuar como guia turístico em uma cidade de língua espanhola, mas antes precisa comprovar que é capaz de descrever um lugar em detalhes e fazer recomendações de locais para se divertir e coisas a fazer.

Sua missão é falar como um morador local e **descrever uma cidade que conhece bem** (ou que deseja conhecer!). Pesquise e crie uma breve descrição das principais atividades e locais: **descreva os locais mais interessantes, explique suas características** e indique como a cidade pode atender **diferentes tipos de turistas,** mas não diga o nome da cidade. Deixe as outras pessoas *adivinharem*!

O objetivo desta missão é desenvolver suas habilidades de comunicação para que você se expresse com mais criatividade e descreva detalhadamente seu contexto.

Treine para a missão

- Diga do que você sente falta usando ***echar de menos***.
- Descreva lugares e o local em que você mora — ***vivo en el campo***.
- Descreva o clima e o ambiente — ***hace calor***.
- Descreva as pessoas e suas personalidades — ***ella es aventurera***.
- Descreva a aparência de pessoas e objetos — ***parece***.
- Aprenda frases para fazer compras — ***el más barato, pagar en efectivo***.

APRENDENDO A DESCREVER O MUNDO À SUA VOLTA NO IDIOMA

Você está bem perto da sua primeira conversa em espanhol! Depois de aprender a falar sobre as pessoas mais importantes na sua vida e suas atividades, agora vamos descrever suas personalidades e características. Com esse novo vocabulário, é possível se expressar de forma mais criativa em espanhol; quando não se lembrar da palavra certa, basta *descrever*!

#LANGUAGEHACK

Aproveite seus momentos secretos para fazer uma imersão contínua no espanhol

CONVERSA 1

Descreva a cidade

Os estrangeiros geralmente perguntam de onde você vem e destacam as diferenças entre os dois países. Portanto, vamos prepará-lo para essas conversas e criar um script para descrever vários lugares.

Prestes a voltar para os Estados Unidos, Sarah pensa em coisas de que tem saudades na sua terra natal. Ela descreve sua cidade para Felipe durante uma caminhada às margens do rio *Manzanares* em um dia de sol.

09.01 Qual palavra Sarah usa para dizer que está "voltando" para os Estados Unidos?

VOCÁBULO: *echo de menos*
É assim que os espanhóis dizem "sinto falta" (de algo/alguém), mas, na América Latina, normalmente se usa o verbo ***extrañar***, como em ***te extraño*** ("sinto falta de você"). ***Echar*** pode ter muitos significados, como "lançar", e forma expressões como ***echar una mano*** ("dar uma mão").

Sarah: Pronto vuelvo a los Estados Unidos. ¡Es mi última semana en Madrid!

Felipe: ¡Qué pena! ¿Estás preparada para volver a casa?

Sarah: Me encanta Madrid, ¿pero sabes que vivo en el campo? **Echo de menos** las montañas, así como el lago y el bosque que hay cerca de mi casa. ¡Pero también voy a echar de menos Madrid, por supuesto!

Felipe: Lo sé. ¡Te voy a echar de menos! Eh, tengo una idea ... ¿Por qué no compras regalos para tu familia y para recordar Madrid?

Sarah: Buena idea. ¡Me encanta ir de compras! ¿Dónde debo comprarlos?

Felipe: Hmmm ... Depende. ¿Conoces la Gran Vía? Es más bonita que los centros comerciales, y la avenida es larga y ancha, ¡con muchas cosas que ver!

Sarah: No sé ... Hoy hace mucho sol. Ya tengo calor ... ¡No puedo pasar toda la tarde al sol! Voy a estar cansada.

Felipe: Pero hay muchos árboles en la avenida, así que no va a hacer calor. Además, ¡vas a estar dentro de las tiendas!

Sarah: ¡En ese caso, sí! ¡Vamos!

DESVENDE

A essa altura, você já deve ter um vocabulário extenso e consistente em espanhol. Portanto, é muito importante **atuar ativamente e anotar** as palavras novas que encontrar para adicioná-las depois ao seu script e materiais de estudo.

1 **Sublinhe as palavras incorretas em cada uma das frases a seguir e escreva a expressão correta em espanhol.**

a É o último dia de Sarah em Madri. ______

b Sarah e Felipe planejam dançar. ______

c Há muitos museus na avenida. ______

2 **Com base no contexto, escreva o significado das frases a seguir:**

a ¡Qué pena! ______ b depende ______

c pronto vuelvo a los Estados Unidos

______

3 **Traduza as expressões a seguir para o espanhol.**

a no campo ______

b as montanhas ______

c o lago e a floresta ______

d na rua ______

e sob o sol ______

OBSERVE

09.02 Ouça o áudio e observe o quadro. Repita em voz alta de acordo com a gravação.

VOCÁBULO: *recordar*
Em espanhol, ***recordar*** significa "lembrar". ***No recuerdo su nombre.*** (Eu não me lembro do seu nome.) ***¿Puedes recordarme tu dirección?*** (Você pode me lembrar seu endereço?)

VOCÁBULO: *tener calor*
O verbo ***tener*** (ter) pode ser utilizado de várias formas, como em ***tengo hambre*** (tenho fome), ***tienes razón*** (você tem razão) e ***tengo calor*** (tenho calor/estou com calor). Você também pode dizer ***tenemos frío*** (sinto frio).

Expressões essenciais da Conversa 1

Espanhol	Significado
¡qué pena!	que pena!
volver a casa	voltar para casa
en el campo	no campo
echo de menos ...	sinto falta...
las montañas	as montanhas
así como...	assim como...
el lago y el bosque	o lago e a floresta
¡te voy a echar de menos!	vou sentir sua falta!
comprar regalos	comprar presentes
para recordar Madrid	para lembrar de Madri
larga y ancha	comprida e larga
muchas cosas que ver	muitas coisas para ver
hace mucho sol	faz muito sol
hace calor	faz calor
tengo calor	estou com calor
toda la tarde al sol	a tarde toda no sol
estar cansad@	estar cansado(a)
dentro de las tiendas	dentro das lojas
en ese caso, sí	nesse caso, sim

1 Leia a lista de frases e a conversa e responda as perguntas a seguir em espanhol.

Exemplo: *¿Qué cosas* echa de menos Sarah?
→ Sarah echa de menos las montañas, el lago y el bosque.

a *¿**Cuándo** vuelve Sarah a los Estados Unidos? Sarah* ______

b *¿**Qué** va a comprar Sarah para su familia? Sarah va* ______

c *¿**Por qué otra razón** va a comprar regalos Sarah? Porque* ______

d *¿**Dónde** va a comprarlos? Sarah va* ______

2 Complete as frases a seguir com a respectiva expressão em espanhol.

a Você poderia **me lembrar** o nome do restaurante? *¿Podrías ______ el nombre del restaurante?*

b Eu vou **lembrá-lo de** como fazê-lo. *Voy a ______ cómo hacerlo.*

c Ele **me lembrou** do meu compromisso. *______ ha ______ mi cita.*

3 Associe as frases em espanhol a seguir com as expressões em português no quadro. Algumas frases podem ter mais de um significado.

1 Sinto ouvir isso. **2** É uma pena! **3** Não tenho certeza. **4** Depende. **5** Nesse caso. **6** Estou pronto.

a ______ *Estoy listo.*
b ______ *En ese caso.*
c ______ *Siento oír eso.*
d ______ *No estoy seguro.*
e ______ *¡Qué pena!*
f ______ *Depende.*

4 Uma boa técnica de memorização é aprender o vocabulário em "grupos" de palavras, ou seja, expressões semelhantes de uma mesma categoria. Preencha o quadro a seguir com palavras que se refiram à natureza e paisagem.

Vocabulário de paisagem e natureza

Espanhol	Significado	Espanhol	Significado
	a zona rural		a floresta
	as montanhas		as árvores
	o lago		o sol
la ciudad	a cidade		

5 Traduza as perguntas e, em seguida, responda-as em espanhol com base no seu contexto.

a Você mora no campo ou na cidade? *¿Vives ______?*

______

b Há muitas árvores na sua rua? *¿Hay muchos ______ en tu calle?*

______

c É melhor passar tempo perto do lago, da floresta ou das montanhas?
¿Es mejor pasar tiempo cerca del ______?

______

PRATIQUE

1 Pesquise novas palavras para descrever o local onde você mora. Você mora perto do mar? No subúrbio? Em uma quitinete? Inclua seu "vocabulário pessoal" no quadro de vocabulário para paisagem e natureza.

2 Agora, crie frases em espanhol que expressem o seu contexto.
   a Eu moro... ______
   b Perto da minha casa há... ______

3 Em seguida, faça o mesmo em relação a um membro da família ou amigo.
   a Ele/ela mora ... ______
   b Perto de sua casa há... ______

EXPLICAÇÃO DE VOCABULÁRIO: Descreva o clima

***¿Qué tiempo hace?* — Como está o tempo?**

Para descrever o clima, geralmente basta usar o verbo ***hace*** + **descrição**:

Hace ... buen tiempo (clima bom) ***mal tiempo*** (clima ruim)
calor (calor) ***frío*** (frio) ***sol*** (sol) ***viento*** (vento).

Há duas exceções importantes: ***Está lloviendo*** (Está chovendo) e ***Está nublado*** (Está nublado).

1 Para praticar, crie novas frases em espanhol para descrever o clima.
   a O tempo está bom hoje. ______
   b O tempo está ruim. Que pena! ______
   c Faz frio perto lo lago. ______

2 Use *hace* ou *está* para elaborar duas frases que descrevam o clima no seu contexto atual.

______

JUNTE TUDO

Descreva o local onde você mora ou um lugar que adoraria conhecer usando palavras descritivas (adjetivos e substantivos).

- ···› Como é a paisagem do local?

______

- ···› Em geral, como é o clima no local?

______

- ···› Ao deixar o local, do que você mais sentiria falta?

______

CONVERSA 2

O que você compraria para alguém que...

Agora vamos aprender um conjunto totalmente novo de palavras descritivas que caracterizam pessoas e suas personalidades.

Sarah e Felipe estão na *Gran Vía* para fazer compras e conversam sobre os presentes que Sarah irá comprar para sua família com base na personalidade de cada um.

09.03 Quais palavras Sarah usa para descrever sua irmã, seu irmão e seus pais?

Sarah: ¡Esta avenida es impresionante! ¡Hay tantas tiendas!

Felipe: ¿Ya sabes qué quieres comprar?

Sarah: Quiero comprarme un montón de cosas, pero para mi familia ... ¡ni idea!

Felipe: ¿Cómo son?

Sarah: Es difícil describirlos. Por ejemplo, mi hermana es una aventurera y quiere venir a España algún día. ¿Quizás algunos recuerdos típicos de Madrid para ella?

Felipe: ¿Por qué no un vestido y un poco de jamón? ¡Y más jamón para nosotros!

Sarah: ¡Por supuesto! Mi hermano es joven y seguro que pensaría que un recuerdo sería aburrido. ¿Qué le comprarías a una persona que adora los videojuegos?

Felipe: No necesitas encontrar algo español. ¡Puedes buscar algo para sus juegos! ¿Sabías que la tecnología es **más barata** aquí?

Sarah: Ah, sí, eso me recuerda que sus auriculares son bastante viejos y no funcionan bien. Quiere unos nuevos.

Felipe: ¿Y tus padres? No puedes olvidar comprar algo para ellos.

Sarah: Mis padres son bastante tradicionales. Me han dicho que quieren un **buen vino** español.

Felipe: ¡Eso está hecho! Hay una bodega al cruzar la calle. Podríamos comprar otra botella para nosotros. ¡Solo para probarla!

DICA CULTURAL:
Barganhas e mercados populares
Embora a *Gran Vía* seja um local maravilhoso para visitar, prefiro fazer compras no *Rastro* (um mercado ao ar livre), no distrito de *La Latina*. Adoro ***regatear*** (barganhar) e fazer bons negócios lá. É mais divertido do que pagar um preço fixo e uma excelente ocasião para praticar o espanhol!

DICA DE GRAMÁTICA:
Adjetivos antes dos substantivos
Geralmente, os adjetivos vêm depois dos substantivos, mas há casos em que podem vir antes, com uma mudança sutil no significado. Nesse caso, *bueno* se torna *buen*.

DESVENDE

1 *¿Verdadero o falso?* Escolha a resposta correta.

a Sarah está comprando presentes para seus amigos. *verdadero / falso*

b O irmão de Sarah não gosta de lembranças. *verdadero / falso*

c Sarah sabe exatamente o que comprar. *verdadero / falso*

2 Responda as perguntas a seguir em espanhol.

a O que Sarah vai comprar para a irmã? ______________________.

____

b Por quê? Como Sarah a descreve? *Ella es* ______________________.

____

c Como Sarah descreve seu irmão? *Él es* ______________________.

____

d Como Sarah descreve seus pais? *Son* ______________________.

____

e O que Felipe diz sobre tecnologia na Espanha?
Es ____.

3 Encontre e destaque na conversa os adjetivos indicados a seguir:

a impressionante
b aventureira
c típico
d chata
e velho
f novo
g tradicional

4 Encontre e destaque na conversa as expressões correspondentes às indicadas a seguir. Em seguida, escreva as palavras destacadas em espanhol.

a você **já** sabe... ? ______________________

b eu gostaria de comprar **um monte de coisas** ______________________

c eles são **bem** velhos ______________________

d **a** tecnologia **é mais barata** aqui? ______________________

e uma lembrança **seria chata** ______________________

OBSERVE

🔊 **09.04** Ouça o áudio e observe o quadro.

Expressões essenciais da Conversa 2

Espanhol	Significado
impresionante	impressionante
quiero comprarme	quero comprar para mim
ni idea	não tenho ideia
¿cómo son?	como eles são?
es difícil describirlos	é difícil descrevê-los
mi hermano es joven	meu irmão é jovem
pensaría que ...	ele acharia que...
sería aburrido	seria chato
¿qué le comprarías a una persona que ...?	o que você compraria para alguém que...?
más barat@	mais barato(a)
me recuerda	isso me lembra
bastante viejos	bem velhos
no funcionan bien	não funcionam bem
unos nuevos	novos
¿y tus padres?	e os seus pais?
un buen vino español	um bom vinho espanhol
al cruzar la calle	do outro lado da rua
solo para probarla	só para experimentar

1 Traduza as frases a seguir para o espanhol:

a isso me lembra ______

b o que devo comprar ______

c há tantas lojas ______

d muito chato ______

2 Outra técnica eficiente de memorização consiste em aprender pares de antônimos. Complete as frases a seguir com os adjetivos correspondentes da lista de frases ou pesquise em um dicionário.

a *No es* ____________, *es* ____________. (Não é **fácil**, é **difícil**.)

b *No es* ____________, *es* ____________. (Não é **único**, é **típico**.)

c *No son* ____________, *son* ____________.
(Eles não são **bobos**, eles são **inteligentes**.)

d *No son* ____________, *son* ____________.
(Eles não são **modernos**, eles são **tradicionais**.)

e *No es* ____________, *es* ____________.
(Ela não é **aventureira**, ela é **tímida**.)

f *No es* ____________, *es* ____________. (Ele não é **velho**, ele é **jovem**.)

DICA DE GRAMÁTICA:
Alguns adjetivos não mudam!
Alguns adjetivos espanhóis não têm duas formas para o masculino e o feminino; geralmente, são adjetivos terminados em *-e* ou em consoantes. É muito fácil memorizá-los!

3 Use as palavras no quadro a seguir para criar frases que descrevam pessoas e objetos. Lembre-se de ordenar as palavras de forma correta e observar a concordância de gênero/número.

mi hermano	*está*	*abierta*
mi hermana	*están*	*abiertas*
mis hermanos	*estaría*	*alto*
mis hermanas	*es*	*alta*
la tienda	*son*	*altos*
las tiendas		*altas*

a A loja está aberta. ____________________

b As lojas estão abertas. ____________________

c As lojas estariam abertas. ____________________

d Meu irmão é alto. ____________________

e Meus irmãos são altos. ____________________

f Minha irmã é alta. ____________________

g Minhas irmãs são altas. ____________________

PRATIQUE

1 Como você diria "é o/a mais barato/a" em espanhol? ____________

2 Para praticar, forme adjetivos de acordo com o gênero e escreva as respectivas palavras no quadro a seguir, organizado em colunas de significados opostos. Indique o masculino ou o feminino, se forem diferentes, e use o dicionário, se precisar.

Descreva pessoas

Espanhol (m/f)	Significado	Espanhol (m/f)	Significado
	tímido(a)	aventurer@	
	feio(a)	guap@	
viej@			jovem
rar@			típico(a)
	desagradável	simpátic@	
	pessimista	optimista	
	orgulhoso(a)	modest@	
	engraçado(a)	seri@	

3 🔊 **09.05** Os adjetivos indicados a seguir são cognatos. Como você os pronunciaria em espanhol? Ouça o áudio e confira suas respostas.

O português e o espanhol têm muitos adjetivos iguais ou bastante parecidos. Portanto, quando você estiver conversando, entenderá várias palavras. Mas use a pronúncia correta. Experimente!

a atraente **c** criativo **e** honesto **g** sincero **i** ignorante
b atento **d** curioso **f** inteligente **h** tolerante **j** impaciente

4 Utilize adjetivos para descrever suas características e as das pessoas próximas a você. Complete as frases a seguir com palavras que descrevam seu contexto. Use o gênero correto e pesquise palavras no dicionário.

a *Soy ____________. Mi trabajo es ____________.*

b *Mi papá/amigo/hermano es ____________. Su casa es ____________.*

c *Mi mamá/amiga/hermana es ____________.*

JUNTE TUDO

1 **Quando você conhece alguém, geralmente ouve perguntas sobre pessoas próximas. Prepare-se para essas situações: crie um script para descrever as personalidades de duas pessoas importantes para você. Personalize ao máximo seu script e pesquise novas palavras descritivas para usar agora e nas suas futuras conversas.**

- Descreva duas pessoas próximas a você.
- Use adjetivos para descrever suas personalidades.
- Verifique se os adjetivos concordam em gênero e número com cada pessoa.

CONVERSA 3

Parece com...

Sarah está procurando fones de ouvido para seu irmão e pede a ajuda de Felipe.

09.06 Qual frase Sarah usa para perguntar "Este é bom?"

Quando aprender a descrever objetos em espanhol, você terá uma nova carta na manga para usar nas conversas: se não lembrar de uma palavra específica, basta ***descrever o objeto***!

Sarah: Parece que esta tienda vende auriculares.
Felipe: ¿Para qué tipo de juegos los usa tu hermano?
Sarah: Para videojuegos en línea. ¿Estos están bien?
Felipe: No, los negros son para correr. Los mejores auriculares para él serían los verdes. Además, estos son de mejor calidad.
Sarah: ¿Cómo lo sabes?
Felipe: Conozco la marca. Son un poco caros, pero hoy cuestan la mitad. ¡Están de oferta! A tu hermano le van a encantar.
Sarah: ¡Que buena idea! ... Con ese precio no puedo pagar en efectivo, tengo que usar mi tarjeta de crédito.
Felipe: No hay problema. ¡Vamos a la caja a pagar! ¡Vas a ser la hermana más guay del mundo!

DESVENDE

1 As afirmativas a seguir são falsas. Destaque as palavras incorretas e escreva a frase correta em espanhol.

  a O irmão de Sarah precisa de um novo fone de ouvido para correr.

  b O fone de ouvido não é caro. ______________________

  c Sarah vai pagar em dinheiro. ______________________

2 Destaque os dois métodos de pagamento mencionados na conversa. Qual é o significado da expressão *con ese precio*?

____

3 Responda as perguntas a seguir em espanhol.

  a Qual é o melhor fone de ouvido para praticar corrida? *Los* ______________.

  b Qual é o melhor fone de ouvido para o irmão de Sarah? *Los* ______________.

4 Destaque na conversa a expressão correspondente em espanhol a "eles seriam".

OBSERVE

🔊 **09.07** Ouça o áudio e observe o quadro.

Expressões essenciais da Conversa 3

Espanhol	Significado
esta tienda vende	esta loja vende
para qué tipo	para que tipo
los usa	ele os usa
¿estos están bien?	estes são bons?
los ... negros	os ... pretos
... verdes	... verdes
serían ...	eles seriam ...
mejores	os melhores
además	além disso
estos son de mejor calidad	estes são de melhor qualidade
conozco la marca	eu conheço a marca
son caros	eles são caros
cuestan la mitad	eles custam a metade
están de oferta	eles estão em oferta
le van a encantar	ele vai adorá-los
el precio	o preço
pagar ... en efectivo	pagar ... em dinheiro
... con tarjeta de crédito	... com cartão de crédito
la caja	o caixa
el más guay	o mais legal

Para expressar ideias como "**o grande**", "**o azul**" e "os pequenos", basta usar *el/la/los/las* antes do adjetivo.

Você já conhece muitas **marcas de outros países.** Aproveite essas informações para descrever o objeto que deseja.

Você aprendeu a caracterizar pessoas e lugares nas Conversas 1 e 2. Agora, vamos criar um novo vocabulário para descrever objetos.

1 **Que frase você pode usar para...**

a ... dizer como é algo? ______________________

b ... dizer para que serve algo? ______________________

2 Destaque as duas ocorrências do verbo *usar*.

3 Para descrever um item a um lojista, você pode usar as frases a seguir. Escreva as expressões correspondentes em espanhol.

a este ____________________

b o preto ______________

c o pequeno ______________

d o novo ______________

4 Quando não souber o nome de um item, basta dizer *la marca* (a marca). Use marcas internacionais para fazer as perguntas indicadas a seguir:

a *¿Venden ___________?* (marca de sapato)

b *Quiero un ___________.* (marca de tecido)

c *Bebo ___________.* (marca de refrigerante)

d *Quiero comprar un ___________.* (marca de computador)

e *¿Puedo ir al trabajo con tu ___________?* (marca de carro)

5 Ainda no contexto de compras, escreva as expressões em espanhol correspondentes às indicadas a seguir:

a um pouco caro ____

b pagar em dinheiro ____

c usar meu cartão de crédito ____________________________________

d o caixa ____

PRATIQUE

1 **Crie perguntas em espanhol para usar em um contexto de compras.**

a Quanto custa o(a) grande (*cuesta*)?
¿______________________________?

b A qualidade é boa? *¿Es de buena* ____________________?

c Posso usar agora? ¿__________________________?

d Você aceita cartões de crédito? ¿____________________?

e Posso pagar em dinheiro? ¿______________________?

2 **Preencha as lacunas a seguir com as respectivas palavras em espanhol.**

a *¿Puedo ver* __________ __________? (Posso ver os vermelhos?)

b *No conozco* __________ __________. (Eu não conheço essa marca.)

c *Voy a pagar a* __________ __________. (Eu vou pagar no caixa.)

d *Quiero el* __________ *de la izquierda.* (Eu quero o grande à esquerda.)

3 **Preencha o quadro com as respectivas traduções.**

Descrição de objetos

Espanhol	Significado	Espanhol	Significado
larg@		amarill@	amarelo
cort@	curto	roj@	vermelho
	largo	azul	azul
	boa qualidade	blanc@	branco
de mala calidad			verde
pesad@		negr@	

JUNTE TUDO

¿Qué buscas? (O que você procura?)

Crie frases para descrever algo que deseja comprar, que procura ou perdeu. Escolha um ou dois itens e crie descrições criativas para cada um deles sem dizer o nome do objeto. Escreva:

- Como é e para que serve o objeto
- Qual é a marca e a cor do objeto
- "Este", "aquele" ou "o/a"
- Outros adjetivos descritivos do seu repertório!

Busco ...

#LANGUAGEHACK:
Aproveite seus momentos secretos para fazer uma imersão contínua no espanhol

Em vez de pensar nos meses e anos necessários para aprender espanhol, uma estratégia muito eficiente de aprendizagem é considerar os *minutos*.

Não ignore o valor desses pequenos instantes! Eles realmente dão resultado e, mais importante, são uma excelente forma de superar a inércia durante a aprendizagem.

Nem todos têm algumas horas por dia para dedicar ao espanhol, mas todo mundo tem alguns minutos. Mesmo que você tenha uma vida ocupada, ainda pode encontrar "**momentos secretos**" durante o dia para praticar. Na fila do supermercado, esperando uma carona, sentado no ônibus, trem ou táxi, esperando um amigo atrasado... todos esses momentos são ocasiões perfeitas para incluir essa prática na sua vida e criar o hábito de estudar o idioma.

Imersão em espanhol, em qualquer lugar

Ao ler a história de Sarah, talvez você tenha pensado: "Bem, ela tem muita sorte de ter a oportunidade de ir à Espanha para melhorar seu espanhol com um período de imersão!" Mas graças à tecnologia, ***você*** pode criar um ambiente de imersão em espanhol morando em qualquer lugar do mundo. Há várias formas de criar um contexto de imersão em casa:

TÁTICA DE ESTUDO:
Estude no dia a dia
Quando estudo um idioma, uso algumas ferramentas, como um aplicativo para aprender vocabulário no dia a dia e durante esperas. Sempre levo meu smartphone, que utilizo para estudar a qualquer momento e memorizar nem que seja uma ou duas palavras. Confira algumas sugestões na seção Recursos online.

- Entre em contato com outros estudantes (como já vem fazendo em nossa comunidade online!) para praticar seu espanhol em chamadas de vídeo/áudio regulares.
- Ouça um streaming de rádio ao vivo ou assista a um vídeo espanhol (ou de outro país hispânico) na internet.
- Você joga *videojuegos en línea* (games online)? Mude a configuração do idioma em seus jogos e interaja com outros jogadores em espanhol!
- Você também pode mudar o idioma dos sites que visita com mais frequência para o espanhol e fazer o mesmo com os sistemas operacionais do seu computador e smartphone.

SUA VEZ: Use o hack

1 Escolha alguns aplicativos e recursos online (confira nossas recomendações na seção de recursos online) para rodar no seu computador ou smartphone e fique preparado para seus momentos secretos.

2 Verifique nos sites, aplicativos, jogos, navegadores e sistema operacional que você mais utiliza se há uma opção para mudar o idioma para espanhol. Como você já está acostumado com a interface e sabe onde clicar e tocar, por que não mudar o idioma logo de uma vez?

Fique tranquilo ao usar esse método, pois você sempre pode retornar à configuração original se achar difícil demais. Geralmente, basta procurar ***idioma*** em ***ajustes/ configuración***.

FINALIZANDO A UNIDADE 9

Confira o que aprendeu

1 **09.08** Ouça o áudio de treino em que uma pessoa descreve o contexto e as pessoas próximas a ela. Fique à vontade para tomar notas e ouvir a gravação mais de uma vez.

2 **09.09** Agora ouça as perguntas sobre o primeiro áudio e responda em espanhol.

Mostre o que sabe...

Confira o que acabou de aprender. Escreva ou fale um exemplo para cada item da lista e marque os que sabe.

- ☐ Diga algo de que você sente falta usando *echar de menos* (ou *extrañar*).
- ☐ Elabore duas frases que descrevam o local onde você mora.
- ☐ Diga "está quente", "está frio" e "está chovendo" em espanhol.
- ☐ Crie uma frase com um adjetivo para descrever a personalidade de um membro da sua família. Lembre-se de utilizar a ordem e o gênero corretos.
- ☐ Use três adjetivos diferentes para descrever suas roupas favoritas em espanhol. Utilize a ordem e o gênero corretos.
- ☐ Faça as seguintes perguntas em espanhol:
  - ☐ "Posso pagar em dinheiro?"
  - ☐ "Posso pagar com cartão de crédito?"

COMPLETE SUA MISSÃO

É hora de completar a missão: fale como um nativo e use suas habilidades de descrição para indicar os melhores lugares na cidade para alguém de fora. Descreva os detalhes e as características de diferentes lugares, pessoas e objetos.

PASSO 1: Crie seu script

Crie um script para caracterizar lugares, pessoas e objetos detalhadamente:

- Descreva sua cidade favorita
- Diga como é a paisagem próxima
- Diga como é o clima típico do local
- Explique como são as casas, os apartamentos e a vizinhança
- Descreva a personalidade das pessoas que moram no local
- Incorpore os novos verbos que você aprendeu (*echar de menos, volver, comprar, usar*)
- Verifique se os adjetivos correspondem ao gênero e ao número dos objetos que descrevem.

Depois de escrever o script, repita as frases até se sentir confiante.

Pense em sua cidade favorita. Como é ela? Como é a paisagem? Como você descreveria os prédios, o clima e as pessoas?

PASSO 2: Faça a diferença... *online*

Este é seu último treino antes de falar pessoalmente com um espanhol de verdade!

Quando estiver à vontade com seu script, vá em frente e pratique! Acesse a comunidade online, encontre a missão da Unidade 9 e compartilhe sua gravação para receber feedback e incentivos.

Estude todos os dias, **mesmo que só um pouco**. Você vai aprender mais se praticar sempre.

Mesmo que você saiba formar muitos adjetivos masculinos e femininos, quando estiver falando espontaneamente, não se preocupe demais em acertar. Use qualquer forma que vier à sua cabeça, a outra pessoa vai entender!

PASSO 3: Aprenda com outros estudantes

Como os outros hackers da linguagem descrevem suas cidades? Depois de enviar seu clipe, confira o que os demais membros da comunidade estão dizendo. Quais cidades eles escolheram para descrever? Quais deles você contrataria como guia turístico? Faça mais duas perguntas sobre cada cidade.

PASSO 4: Avalie o que aprendeu

Você aprendeu alguma palavra ou frase nova no espaço da comunidade? Encontrou um lugar novo para adotar como sonho de consumo? Identificou alguma lacuna nos seus scripts? Quais?

EI, HACKER DA LINGUAGEM, TUDO PRONTO?

Você acabou de aprender a fazer vários tipos de descrições e preencheu algumas lacunas no seu espanhol. Eu sei que agora você está pronto para a última missão, não é mesmo?

¿Estás list@? ¡Vamos!

10 SUA PRIMEIRA CONVERSA

Sua missão

Você trabalhou duro e chegou até aqui com uma base sólida em espanhol. Mais importante: aprendeu a usar vários #languagehacks e táticas de conversa para desenvolver ainda mais as frases do seu repertório.

Agora, sua missão é conversar diretamente com um falante nativo em uma chamada de vídeo pela internet.

O objetivo desta missão é desenvolver sua confiança e as habilidades necessárias para criar frases essenciais à sua primeira conversa em espanhol, mesmo que você não se considere preparado para a ocasião.

Treine para a missão

- Use o que aprendeu durante o curso na sua primeira conversa.
- Selecione as expressões essenciais para a conversa.
- Trabalhe na sua postura: supere o nervosismo e não se preocupe com a gramática.
- Encontre um parceiro para praticar o idioma e marque sua primeira conversa!

APRENDENDO A CONVERSAR NO IDIOMA

Prepare-se para utilizar todo o vocabulário e, com a mesma atenção, todas as táticas de conversa que você aprendeu nas nove unidades do curso. Agora você vai conversar pela primeira vez em espanhol com um falante real!

Conversar cara a cara com um nativo pode ser intimidante, mas tenho um *truque* para lidar com essa situação: marco minhas primeiras conversas em um novo idioma com um parceiro online. Isso diminui a pressão e, como vantagem adicional, permite a realização de pesquisas rápidas de palavras e frases em serviços de tradução e dicionários online. Então, vamos aprender a montar uma estratégia para suas primeiras conversas!

#LANGUAGEHACK

Faça anotações para ligar o "piloto automático" na sua primeira conversa

SUA PRIMEIRA CONVERSA

HACKEANDO:
Embarque no "feitiço do tempo" para atingir a fluência
Felizmente, na internet você pode **ter inúmeras "primeiras conversas"** com diferentes pessoas até criar segurança. Depois, comece a conversar com as mesmas pessoas para avançar no idioma.

Ouça esse exemplo de "primeira" conversa entre um hacker da linguagem (HL) e sua parceira, Cecilia.

10.01 Ao ouvir a gravação, sublinhe as palavras e frases que pretende usar em sua primeira conversa com um nativo.

Cecilia:	¡Hola!
HL:	Hola, **¿cómo te llamas?**
Cecilia:	Me llamo Cecilia, ¿y tú?
HL:	Me llamo Benny.
Cecilia:	Encantada, Benny. Dime, ¿vives aquí?
HL:	Soy irlandés, pero ahora vivo en Nueva York.
Cecilia:	Ah, ¡qué interesante! Irlanda. Nunca he estado en Irlanda. Pero visité Nueva York una vez, a los 20 años. ¿Has estado en España?
HL:	No, aún no. Algún día espero … Lo siento, he comenzado las clases de español hace solo unas semanas. ¿Puedes hablar más lento?
Cecilia:	¡Oh, por supuesto!
HL:	**Eres muy paciente**. Gracias por hablar conmigo. Así que, ¿desde cuándo enseñas español?

Recomendo que você **use esta frase mesmo que já saiba** o nome do seu parceiro. Afinal, o objetivo da conversa é aprender a utilizar as frases do seu repertório!

Você ainda não aprendeu a dizer "Obrigado(a) pela paciência". Observe como o hacker da linguagem reformula essa expressão.

APLIQUE SUAS TÁTICAS DE CONVERSA

Cada conversa tem uma “fórmula”, ou seja, frases que aparecem frequentemente. Abordamos esse ponto diversas vezes ao longo do livro e mostramos como você pode se beneficiar da natureza previsível das conversas.

🔊 **10.02** Imagine que você está conversando em espanhol pela primeira vez com Cecilia, uma falante nativa. Nesse caso, o ritmo da conversa será um pouco diferente. Leia os comandos indicados entre parênteses e preencha as lacunas com as respectivas frases.

Cecilia: Hola, encantada.

HL: ______________________________

(Cumprimente seu parceiro de idioma.)

Cecilia: Me llamo Cecilia, ¿y tú?

HL: ______________________________

(Informe seu nome e pergunte se vocês podem conversar usando tú.)

Cecilia: ¡Sí, por supuesto!

HL: ______________________________

(Agradeça por ela conversar com você hoje.)

Cecilia: No hay problema, es un placer. ¿Por qué aprendes español?

HL: ______________________________

(Responda a pergunta sobre o motivo de aprender espanhol.)

Cecilia: ¡Qué bien! ¿Quieres hablar otros idiomas?

HL: ______________________________

(Diga se você fala ou não outros idiomas.)

Cecilia: ¡Mi alumno canadiense dice que ese idioma es muy difícil!

HL: ______________________________

(Diga que não entendeu e peça a ela para escrever.)

Cecilia: Claro. Mi estudiante de Canadá, Eric, dice que ese idioma no es fácil.

Não leve as correções para o lado pessoal. Seu parceiro de estudo sabe que o objetivo aqui é ajudá-lo a melhorar seu espanhol. As críticas dele são construtivas!

Depois de conferir essa primeira conversa em espanhol, prepare-se para encarar um diálogo de verdade.

#LANGUAGEHACK:
Faça anotações para ligar o "piloto automático" na sua primeira conversa

Tenho certeza de que você vai se sair bem na conversa, mesmo que não se considere preparado para a ocasião. Sei disso porque você vai consultar suas anotações.

Fique à vontade para fazer essas consultas. **Isso não é uma prova. É uma conversa.** Pense nas suas anotações como um estabilizador ou rodinhas de segurança. Seu objetivo é facilitar a transição entre estudar espanhol e *falar* espanhol. Consultar suas anotações é uma excelente forma de sair da inércia e dominar a expressão verbal em menos tempo.

Antes das minhas conversas online, costumo anotar as palavras e frases que pretendo usar em cada sessão. Como a primeira conversa será pela internet, posso consultar minhas anotações diretamente (em papel, outra janela do computador ou outro dispositivo) a qualquer momento.

Você também pode adotar essa prática e dispor de frases prontas, planejadas e escritas para consultar enquanto conversa em espanhol. Assim, nunca vai ficar sem saber o que falar. Se isso ocorrer, é só respirar fundo e consultar suas anotações.

Vamos preparar suas anotações. Costumo dividir as minhas notas em quatro partes:

1. Expressões essenciais
2. Frases de sobrevivência
3. Perguntas que pretendo fazer
4. Frases "pessoais"

EXPRESSÕES ESSENCIAIS

As expressões essenciais são palavras e frases que você pretende usar em todas as conversas. Geralmente, são cumprimentos, despedidas, perguntas frequentes e respostas preparadas com antecedência.

Você não precisa pensar em todas as palavras ou respostas possíveis. **Deixe que o idioma diga o que você deve aprender**. Ao usar seu repertório atual (amplo ou limitado) para acompanhar o ritmo natural da conversa, você vai identificar rapidamente as frases (pessoais) que (ainda!) não estão no seu script.

No quadro a seguir, há algumas sugestões. Preencha as outras linhas com as expressões que você pretende usar, entre as indicadas no curso e as que tiver pesquisado.

Expressões essenciais

(Consulte as Unidades 1–3 para se inspirar.)

Cumprimentos	Despedidas
¡Hola! ¿Qué tal?	¡Hasta la próxima!
Gracias por hablar conmigo.	Bueno, tengo que terminar la clase.

(Consulte as Unidades 1–6 para se inspirar.)

Perguntas típicas	Respostas preparadas
¿Cómo te llamas?	
¿De dónde eres?/¿Dónde vives?	
¿Dónde trabajas?	
¿Por qué aprendes español?	
¿Hablas otros idiomas?	

FRASES DE SOBREVIVÊNCIA PARA PEDIR AJUDA

Fique à vontade para cometer erros quando se expressar em espanhol, pois isso é normal. Prepare-se para lidar com essa situação e desenvolva um plano para momentos difíceis. Quando você não lembra de alguma palavra ou não compreende nada do que a outra pessoa está dizendo, ainda pode conversar usando as frases essenciais preparadas com antecedência.

No quadro a seguir, há algumas sugestões. Preencha as outras linhas com suas próprias frases.

Frases essenciais

(Consulte as Unidades 1–3 para se inspirar.)

Embora o objetivo sempre seja, em teoria, criar frases gramaticalmente corretas, na hora da conversa, você vai estar com a cabeça cheia. Então, fique tranquilo caso precise usar **palavras isoladas para se fazer entender.** Sempre acrescente *por favor* ao fim da frase para que seu parceiro saiba que você não quis ser mal-educado!

Frases completas	Ou curtas!
¿Puedes esperar un momento?	Un momento.
¿Puedes escribirlo?	Escribir, por favor.
¿Puedes repetir?	¿Repetir?
Más lento, por favor.	¿Lento?
No entiendo eso.	¿Cómo?

PERGUNTAS QUE PRETENDO FAZER

Falar espanhol com alguém novo é uma oportunidade para **aprender sobre sua vida**, idioma e cultura! Costumo me preparar antes quando há algo específico que desperte minha curiosidade.

Crie algumas perguntas para fazer durante a conversa, a fim de aliviar a tensão e passar a palavra para a outra pessoa. Esse é um ótimo recurso para lidar com momentos silenciosos em diálogos.

No início do quadro a seguir, há boas opções. Preencha as outras linhas com mais perguntas. Faça, por exemplo:

- Perguntas sobre a vida no país da outra pessoa (*¿Hace frío en Perú?*)
- Perguntas sobre a língua espanhola (*¿Qué significa 'diario'?*)
- Perguntas sobre a vida, o trabalho e passatempos da outra pessoa (*¿Qué quieres hacer el fin de semana?*).

Perguntas planejadas

(Consulte as Unidades 2–9 para se inspirar.)

¿Hace calor en ______________________________?

¿Desde cuándo enseñas ______________________________?

¿Sabe hablar ______________________________?

¿Cómo se dice... en español ______________________________?

¿Crees que ______________________________?

FRASES "PESSOAIS" PARA PÔR EM PRÁTICA

Essas frases tratam de assuntos específicos que você pretende abordar, ou seja, temas como seus interesses, o que tem feito ultimamente, quais são seus planos para o futuro e pessoas próximas a você.

Na sua primeira conversa. se você praticou as frases e expressões essenciais, o que vier depois é lucro!

Em conversas pela internet, estabeleço como meta utilizar um certo número de frases novas em cada sessão. Se quiser adotar essa prática, escolha de duas a cinco frases, o que já é muito para uma primeira conversa. Você pode falar sobre:

- Algo do seu interesse (*¡Me encanta la ciencia ficción!*)
- Algo que você fez hoje ou recentemente (*He leído un artículo sobre los trenes de España.*)
- Seus planos para o futuro (*Quiero bailar este fin de semana.*)
- Pessoas próximas a você. (*Mi novia habla un poco de italiano.*)

Frases "pessoais"

Me encanta/me gusta ...

Quiero ...

Mis padres ...

PREPARE-SE PARA SUA PRIMEIRA CONVERSA

É altamente recomendável que as suas primeiras conversas sejam em chamadas de vídeo. Nesse caso, a tecnologia deve ser sua melhor amiga. Em um bate-papo online, você pode consultar facilmente suas anotações, pesquisar palavras na hora e traduzir qualquer frase em um site especializado nesse serviço, tudo isso *enquanto* conversa.

A tradução automática não substitui o estudo do idioma, mas serve como suporte quando for estritamente necessário!

Mas atenção: se tudo der errado, você ainda pode conversar em espanhol usando apenas três frases: ***No entiendo eso. ¿Puedes escribirlo? Un momento.*** Não está acreditando? Imagine esta situação como o pior cenário possível:

Na verdade, é surpreendente o quanto você pode aprender até mesmo em uma situação ruim como essa. Se esquecer todas as frases exceto essas três, você ainda poderá conversar (razoavelmente) em espanhol e aprender bastante.

- Sua parceira diz *hola*, você responde *hola* (acertou!). Em seguida, ela diz $%(&!¿?¡~#! E você não entende nada.
- Você responde com **No entiendo eso. ¿Puedes escribirlo, por favor?**
- Ela digita a frase e envia pelo chat. Você seleciona o texto, copia, cola e encontra rapidamente a tradução. Ah, você pensa, entendi! Mas na hora de responder você não sabe o que dizer.
- Então, você diz **Un momento**. Pacientemente, ela espera você digitar a frase em português em um tradutor online. Até que finalmente, depois de pressionar Enter, você vê a tradução e lê as palavras com o melhor sotaque espanhol possível.
- Retorne ao primeiro passo e faça tudo de novo.

Esse é o cenário ideal? Não. Mas é melhor do que não conversar? *Com certeza.*

Felizmente, você vem se preparando para este momento ao longo das últimas nove missões. Portanto, mesmo que ache o contrário, você está pronto. Pode confiar em mim. Na sua preparação, observe as seguintes recomendações:

- Deixe suas anotações ao alcance da visão.
- Deixe sua ferramenta de tradução engatilhada.
- Um pouco antes da conversa, ouça e repita um áudio em espanhol (há um nesta unidade).

Esse exercício serve para "aquecer" sua voz e audição para a conversa. Há uma gravação no final desta unidade e outros recursos de áudio podem ser encontrados na seção Recursos.

CONTROLANDO SEU NERVOSISMO

Geralmente, os iniciantes ficam intimidados diante da opinião de um falante nativo. Se estiver ajudando seu parceiro de intercâmbio linguístico com o português, ele pode estar mais preocupado com a língua portuguesa do que com o seu espanhol! Por outro lado, nas aulas iniciais, um novo professor pode querer causar uma boa primeira impressão! Então, pense nisso quando estiver diante da tela, nervoso demais para pressionar o botão Ligar. Todos já passamos por isso!

O QUE ESPERAR

Na primeira conversa, o objetivo não é provar a excelente qualidade do seu espanhol para a outra pessoa. Sua meta deve ser aprender, praticar e ganhar confiança. Basta se lembrar **desses objetivos** e tudo vai dar certo. Você terá muito tempo para melhorar e aperfeiçoar suas habilidades em futuras conversas.

A primeira conversa sempre é a mais difícil e estressante, mas tem importância fundamental como primeiro passo para que o iniciante se sinta confortável no seu estudo de espanhol. No início, todos cometem erros, e nenhum estudante de espanhol no começo do aprendizado deve saber de cor todas (ou quase todas) as palavras. É normal que você tenha um vocabulário limitado.

Não se preocupe em acertar todas as pronúncias: sua prioridade é se fazer entender. Ser compreendido — estabelecer comunicação com outro ser humano — é o principal objetivo aqui. Não é preciso decorar a gramática inteira, empregar sempre a palavra certa no lugar correto ou ter o sotaque perfeito.

Vamos revisar algumas das habilidades que você desenvolveu no decorrer deste livro e aplicá-las na sua primeira conversa!

- **Reformulação:** lembre-se de que você vai precisar reformular muitas frases para facilitar sua compreensão (mantendo sempre o sentido original). Reformular ideias e simplificar sua apresentação é uma habilidade essencial dos hackers da linguagem.
- **"Espanhol Tarzan":** fique à vontade para falar utilizando o "espanhol Tarzan"! Se você souber dizer algo certo, diga certo. Mas se souber dizer algo um pouco errado, diga errado! A outra pessoa pode ajudá-lo a determinar a expressão correta.
- **Aprenda com suas lacunas.** Apesar da reformulação, você vai perceber que ainda não sabe se expressar totalmente no idioma. E ao conversar, vai constatar falhas na sua pronúncia e seu parceiro poderá corrigi-lo. Bom! Lembre-se dessa recomendação importante: tome nota das frases que achar relevantes para utilizá-las da próxima vez.
- **Em caso de dúvidas, arrisque um palpite!** Finalmente, se não tiver certeza do que seu parceiro de conversa acabou de dizer, arrisque um palpite! Use o contexto (expressões faciais no vídeo e palavras conhecidas) para deduzir o significado da frase inteira.

Lembre-se: o perfeccionismo é seu inimigo no estudo de idiomas. Se você acertar, a conversa avançará, mas, se errar, o mundo não vai acabar. Na verdade, você terá tido a oportunidade de aprender algo novo. Afinal, é isso que queremos.

Conversar diretamente com alguém é a melhor forma de praticar o idioma. Esse é o maior segredo do #languagehacking. Aproveite sua primeira conversa e as muitas que virão depois!

FINALIZANDO A UNIDADE 10

Confira o que aprendeu

Chegamos à última missão!

Reveja as frases e as táticas de conversa indicadas na unidade. Quando se sentir confiante, ouça o áudio de treino para praticar sua compreensão auditiva, pronúncia e expressão verbal.

1 Para praticar, responda as perguntas mais frequentes.

10.03 Ouça o áudio com perguntas em espanhol.

- Responda as perguntas em espanhol e formule respostas de acordo com o seu contexto.
- Pause ou repita o áudio sempre que precisar.

2 Para praticar, ouça a descrição indicada no áudio.

10.04 Neste áudio de treino, uma espanhola descreve casualmente sua vida. Ouça o áudio e, depois de cada clipe, responda as perguntas a seguir de acordo com o que entendeu (ou deduziu) da gravação.

Anotações:

- Qual é seu nome? ______
- De onde ela é? ______
- Onde ela mora agora? ______
- Há quanto tempo ela ensina espanhol? ______
- Ela fala outros idiomas? Se sim, quais? ______
- Quais são seus outros interesses? ______

TÁTICA DE CONVERSA: *Faça um aquecimento antes da sua primeira conversa!*
Utilizar o áudio para praticar é uma das melhores formas de se preparar para uma conversa. Uma ou duas horas antes de iniciar a sessão, ouça os exercícios e repita as frases para entrar no ritmo de conversação do espanhol.

É exatamente isso que você deve fazer na sua primeira conversa: ouça as frases do seu parceiro e combine suas habilidades, os conhecimentos que adquiriu no **#languagehacking e o contexto** para compreender as partes mais complexas.

Mostre o que sabe...

Tudo pronto para a missão final? Antes de continuar:

- ☐ Atualize as frases e expressões essenciais que pretende usar na conversa e escreva as novas nas suas anotações.
- ☐ Prepare de duas a cinco frases "pessoais" que deseja praticar e inclua nas suas anotações.
- ☐ Prepare, pelo menos, três perguntas para fazer durante a conversa e inclua nas suas anotações.

Lembre-se de que você sempre pode pedir ajuda. Para aprender novas frases ou melhorar sua pronúncia, é sempre bom pedir ajuda diretamente!

Lauren, minha parceira, costuma preparar um **"bingo de conversação"** para praticar idiomas na internet. Ela escreve uma lista de frases que deseja praticar durante a chamada (seja falando ou escutando) e tenta riscar a maior quantidade possível delas.

QUAIS SÃO SEUS OBJETIVOS?

Só mais uma coisa. Antes de iniciar sua primeira conversa, é recomendável definir a meta que você deseja atingir e as frases que pretende praticar. Seja realista, mas ambicioso e flexível; nunca se sabe para onde a conversa irá se encaminhar, o que é excelente para os iniciantes.

Faça algumas anotações e liste o que deseja praticar na sua primeira conversa. Em seguida, encontre um parceiro para treinar o idioma.

COMPLETE SUA MISSÃO

É hora de completar a missão: converse diretamente com um falante nativo... online. Prepare-se para:

- Dizer olá e usar os principais cumprimentos.
- Dizer adeus ou marcar uma nova conversa.
- Fazer, pelo menos, três perguntas.
- Responder as perguntas mais frequentes.
- Usar frases essenciais quando não entender algo ou precisar de ajuda.

PASSO 1: Encontre um parceiro e marque sua primeira conversa

Confira nosso guia de recursos para saber como encontrar um parceiro para conversar pela internet e marcar seu primeiro bate-papo.

HACKEANDO:
A urgência é sua amiga
Agende para amanhã ou o quanto antes. Não dedique muito tempo à preparação, pois pensar demais nessa etapa pode causar adiamentos no futuro. Marque para a próxima oportunidade e não olhe para trás!

Ao se preparar para sua primeira conversa, envie mensagens para os parceiros ou professores disponíveis com que você tenha mais afinidade. Quebre o gelo enviando uma mensagem (em espanhol, é claro!) para definir os detalhes da ocasião. Uma boa forma de se aproximar de alguém é dizer:

- Seu nome
- Nível no idioma
- O ponto que pretende praticar ou abordar durante a conversa.

Exemplo:

¡Hola! Me llamo Sarah. Quiero hablar español contigo. Quiero practicar frases simples. Por ejemplo, mi nombre y mi país. Soy principiante, así que ¡gracias por tu paciencia!

Seja educado, faça uma rápida apresentação e indique o ponto que deseja praticar, mas não fale demais. Guarde algumas frases para a conversa! Escreva seu método para quebrar o gelo.

PASSO 2: Vá até o fim... *online*

Lembre-se de que a sua primeira conversa é apenas isso: uma **primeira** conversa. A única forma de chegar à 50ª é começar pela primeira e avançar.

A primeira vez pode ser assustadora, mas tudo fica mais fácil com o tempo! Portanto, acesse a comunidade online e aproveite uma primeira conversa autêntica e divertida em espanhol!

Observe as orientações a seguir durante a conversa:

- Reformule suas ideias e crie frases mais simples.
- Se precisar, fale o "espanhol Tarzan", que é melhor do que nada!
- Anote qualquer "lacuna" que identificar no seu vocabulário.
- Anote qualquer frase ou palavra que deseja dizer, mas não sabe ainda.
- Escreva novas palavas ou frases para rever depois.

PASSO 3: Aprenda com outros estudantes e compartilhe sua experiência!

Conte para a comunidade como foi sua conversa! (Se estiver nervoso, confira primeiro como foram as primeiras conversas dos outros membros.) **Sua tarefa é perguntar ou responder, pelo menos, três perguntas dos outros estudantes:**

- Você ficou nervoso? Como lidou com o nervosismo?
- Como seu professor ou parceiro se portou durante a conversa?
- O que deu certo? E errado? O que você faria diferente da próxima vez?

Identificar lacunas no seu aprendizado é um dos maiores benefícios de conversas reais como essas! Você pode verificar rapidamente o que está faltando no script e resolver essa situação.

PASSO 4: Avalie o que aprendeu

Depois da primeira conversa, fica mais fácil identificar palavras desconhecidas e expressões que você não sabe dizer. Porém, é muito mais produtivo priorizar seus pontos fortes. Você "só" conseguiu falar seu nome, trabalho e que mora com seu gato? Essa é uma grande vitória. Não ignore suas conquistas.

- Quais foram as suas vitórias? Quais frases você conseguiu dizer ou entender?
- Revise as anotações que você fez durante a conversa. Você precisou de alguma palavra que não sabia? Quais? Aprendeu palavras novas? Quais?

-
-
-

Pelo menos era essa a ideia!

EI, HACKER DA LINGUAGEM, VOCÊ ACABOU DE CONVERSAR EM ESPANHOL!

Você acabou de quebrar uma das maiores barreiras do estudo de idiomas! Depois de ultrapassado esse limite, está aberto o caminho para a fluência em espanhol, um sonho para a maioria das pessoas. Aproveite essa conquista.

Saiba que sua segunda conversa será ainda melhor que a primeira, e sua terceira será melhor que a segunda. Marque a próxima aula de conversação agora mesmo. Não adie, pois a urgência é um dos principais fatores de motivação dos hackers da linguagem.

Esta é sua próxima missão: ***¡Sigue así!*** Continue assim!

RESPOSTAS

UNIDADE 1

CONVERSA 1

Desvende 1 Eu sou. **2** Hola, ¿Qué tal? **3** ¿Y tú? **4 a.** Artista **b.** estadounidense **c.** Madri

Observe 1 muy **2** uma **3** ¡Háblame ...! **4 a.** Soy **b.** Vivo en **c.** ¿Y tú? **d.** Soy de España.

Pratique 1 Exemplos: Japón, Alemania, Francia (países); japonés, alemán, francés (nacionalidades); ingeniero, profesor, traductor (profissões); fútbol, pescar, baloncesto (interesses). **2 a.** Soy de ... **b.** Soy ... **c.** Vivo en ...

Junte tudo Exemplos: Soy Richard. Soy de Inglaterra. Vivo en Londres. Soy profesor.

CONVERSA 2

Desvende 1 ¿Qué te gusta? **2 a.** mas, **b.** amo **3** no me gusta **4** me gusta; me encanta **5 a.** música **b.** clásica **c.** museos **d.** fútbol

Observe 1 Em espanhol, escreve-se "me gusta" (eu gosto) e "me encanta" (eu adoro). **2** no me encanta

Sua vez: use o hack 2 Madrid, profesor (professor), pizza, pasta, música clásica (música clássica), chocolate, visitar, museos (museus), fútbol (futebol),

Explicação gramatical: verbo + substantivo a. Exemplo: Me encanta Madrid. **b.** Exemplo: No me gusta el café. **c.** Exemplo: Me gusta la pizza.

Junte tudo Exemplos: Me encanta viajar. Me gusta la pizza en Italia. Me gusta el fútbol en Inglaterra. No me gusta la pasta en Brasil. No me gusta la televisión.

CONVERSA 3

Desvende 1 Por quê? = ¿Por qué?; porque = porque **2 a.** Cultura espanhola **b.** música clássica ou música pop **3** Exemplos: la cultura, la música, interesante **4** Aprendo usa o pronome yo (eu). Aprendes usa o pronome tú (você).

Tática de conversa 1 a. y **b.** porque **c.** pero **d.** o **2 a.** Español es interesante **b.** La cultura es diferente aquí. **3 a.** aprendo **b.** quiero **c.** creo **d.** vivo **4** O sujeito é yo (eu). **5** hablar, entender, vivir, trabajar

Pratique 1 a. Me encanta hablar español **b.** Odio visitar museos **c.** Me gusta aprender idiomas **d.** Quiero visitar España. **2 a.** Exemplo: Me gusta la pasta y me gusta la paella. **b.** Exemplo: Me gusta el tenis, pero no me gusta el fútbol. **c.** Exemplo: Me gusta viajar, pero no me gusta leer. **d.** Exemplo: Me gusta España porque me encanta aprender español.

Junte tudo Exemplo: Quiero aprender español porque viajo a España pronto. Leo mucho y quiero leer en otro idioma.

COMPLETE SUA MISSÃO

Crie seu script Exemplo: Soy Richard y soy estudiante. Soy inglés y vivo en España, en Madrid. Visito España porque me encanta la cultura y porque estudio en la Universidad aquí. Aprendo español porque me gusta mucho hablar idiomas.

UNIDADE 2

CONVERSA 1

Desvende **1 a.** dos (dois) **b.** sí **c.** no **2 a.** falso **b.** verdadero **c.** falso **3** sí, de verdad **4** Adicione "n"'no início. A palavra é "no". **5 a.** ¿No quieres? **b.** ¿No vives?

Observe **1** Hablo bien portugués. Hablo un poco de ruso. **2 a.** Solo quiero hablar español. **b.** Solo me gusta el español.

Pronúncia **a.** en Madrid. **b.** ¿Aquí? **c.** respuesta **d.** respuesta **e.** pregunta **f.** pregunta **g.** pregunta **h.** respuesta

Explicação gramatical: Respondendo perguntas do tipo sim/não

a. Sí, como pescado. No, no como pescado. **b.** Sí, trabajo en el hospital. No, no trabajo en el hospital. **c.** Sí, quiero venir a la fiesta. No, no quiero venir a la fiesta.

Pratique **1 a.** ¿Vives en Madrid? **b.** ¿Hablas portugués? **c.** ¿Aprendo español? **2 a.** No, no me gusta. **b.** No, no prefiero la música pop **c.** No, no hablo ruso. **3 a.** Solo **b.** Aprendo un poco de **c.** mucho, ¡por supuesto! **d.** De verdad, no, portugués **e.** Hoy, estudio

Junte tudo **1 a.** Alemán **b.** Francés **c.** Chino **d.** Exemplo: Italiano **e.** Exemplo: Ruso **2 a.** Exemplo: Sí, hablo bien italiano y alemán y un poco de chino. No, no hablo otros idiomas. Solo hablo inglés. **b.** Exemplo: Sí, quiero aprender ruso. No, no quiero aprender otros idiomas.

CONVERSA 2

Desvende **1 a.** dos semanas **b.** 3 tres idiomas: inglés, japonés, y árabe **c.** Japonés – porque me gusta la cultura japonesa **2 a.** solo **b.** ¡Hablas español muy bien! **c.** verdad **3** especialmente – especialmente; fácil – fácil **4 a.** de nada **b.** desde cuándo **c.** ¿Cuántos ...?

Observe **1** desde cuándo, "quando" **2 a.** español desde hace dos semanas **b.** aprender inglés, japonés y árabe **3 a.** es verdad **b.** la cultura es interesante **4 a.** Cuántos **b.** desde **c.** idiomas **d.** Desde cuándo

Pratique **1** Cuántos, aquí **2 a.** cinco días **b.** tres años **c.** ocho meses **d.** cuatro semanas **e.** Vivo en España desde mi cumpleaños. **f.** Aprendo español desde hace nueve semanas.

Junte tudo Exemplo: Mi número es seis cinco nueve dos cuatro cinco siete cero cinco (659 245 705). **3 a.** ¿Desde cuándo vives en España? **b.** ¿Desde cuándo enseñas español? **4.** Exemplo: Aprendo español desde que hace 7 semanas.

CONVERSA 3

Desvende **1** O que você está fazendo? **2** cada semana, cada día **3 a.** cada semana **b.** cada día **4 a.** vocabulario, interesante, clase **b.** es verdad, es fácil, es una mala idea **5 a.** verdadero **b.** falso **c.** verdadero **d.** falso

Observe **1 a.** ¿Cómo ...? **b.** pues... **c.** bueno... **d.** a ver... **2 a.** creo que **b.** prefiero **c.** ¡Eso ayuda! **d.** debo

Pratique **1** escribo – escribes, estudio – estudias, trabajo – trabajas, creo – crees, leo – lees, decido – decides **2 a.** Vives **b.** Espero **c.** Estudio **d.** Practico **e.** Lees **3 a.** vivir **b.** Leo, libro **c.** Trabajo, día

d. Prefiero, todas, semanas **e.** Creo, estudias **4 a.** Prefiero hablar español. **b.** Debes comer aquí. **c.** Sabes que aprendo español desde hace dos semanas. **d.** ¡Creo que el español es fácil!

Junte tudo Exemplos: Aprendo portugués. Espero viajar a Finlandia. Debo estudiar más. Creo que hablo bien español.

COMPLETE SUA MISSÃO

Crie seu script ¿Desde cuándo vives aquí? ¿Qué te gusta hacer el fin de semana? Aprendo español desde el año pasado. Hablo muy bien alemán e italiano y ahora también un poco de español. Para aprender español, voy a clase y practico con muchos amigos de España. En el futuro espero aprender francés y luego chino.

UNIDADE 3

CONVERSA 1

Desvende **1 a.** más lento por favor **b.** ¡Muchas gracias por enseñarme español! **c.** ¿Dónde estás hoy? **2 a.** muchas gracias **b.** de nada **c.** por favor **3 a.** sem problema **b.** Qual é seu nome? **4** Onde você está?

Observe **1** Más lento, por favor. **2 a.** Mucho gusto. **b.** ¡Estoy muy bien! **c.** Ahora estoy en Londres. **3 a.** Eu sou **b.** você tem **c.** você é **d.** Eu sou (Meu nome é) **4 a.** ¿Cómo estás? **b.** ¿Dónde estás? **c.** ahora **d.** hoy

Explicação gramatical: soy e estoy **1 a.** Estoy **b.** Eres **c.** Estoy **d.** Eres **2 a.** Soy escritor. **b.** No, soy argentino. **c.** No puedo. ¡Estoy muy cansado! **d.** ¡Estoy en el parque!

Pratique **1 a.** 5 **b.** 3 **c.** 4 **d.** 1 **e.** 6 **f.** 2

Explicação gramatical: Ordem de palavras com objetos

1 a. Te doy la medicina. **b.** ¿Lo ves? **c.** ¿Puedes ayudarme ahora? **2 a.** enseñarme **b.** hablarme **c.** decirte **3** quiero enviarlo, te llamo, no lo como, decirme, ayudarte, darte, enviarlo, escribirte, llamarte, no comerlo **4 a.** No puedo llamarte. **b.** No quiero visitarte. **c.** Debo ponerlo aquí. **d.** ¿Puedes oírme?

Junte tudo Exemplo: Soy profesor. Soy estadounidense. Soy simpático. Estoy en Nueva York. Estoy muy bien.

CONVERSA 2

Desvende **1 a.** verdadero **b.** falso, Sarah diz que ela está em Madri para aprender espanhol. **c.** falso, Antonio mora em Valencia. **2 a.** interessante **b.** repetir **c.** razão **d.** sério **e.** outro **f.** momento **3 a.** Você mora em outra cidade? **b.** Você pode repetir (isso)? **c.** Não consigo ouvir bem.

Observe 1 a. vivo, vives **b.** estoy, estás **c.** puedo **d.** dices, llamas **e.** trabajo, entiendo

Tática de conversa: frases essenciais 1 a. ¿Puedes ayudarme? **b.** ¿Puedes hablar más lento? **2** ¿Más lento por favor? Lo siento. No entiendo. ¿Puedes repetir (eso)? Un momento. No puedo oírte bien.

Pratique 1 a. ¡Ayúdame, por favor! b. ¡Habla español, por favor! c. ¡Mírame! d. ¡Ven aquí! 2 a. ¿Dónde vives? b. ¿Qué dices? c. ¿En qué otra ciudad quieres vivir? d. ¿Por qué dices que quieres trabajar en Madrid? e. Entiendo que trabajas 3 Por quê? ¿Por qué? – O quê? ¿Qué? – Onde? ¿Dónde? – Quando? ¿Cuándo? – Quantos? ¿Cuántos? 4 a. ¿Cuándo? b. ¿Cuántos? c. ¿Quién? d. ¿Dónde? e. ¿Por qué?

Junte tudo Exemplo: Soy estadounidense, pero vivo en Londres ahora. Vivo en Londres desde hace 5 meses. Trabajo en una escuela como profesor. Trabajo aquí desde septiembre.

CONVERSA 3

Desvende 1 a. desativar b. reiniciar c. conexão d. wi-fi e. internet 2 a. verdadero b. verdadero c. falso. O problema é com o computador de Sarah. d. verdadero 3 a. lo siento b. no pasa nada c. necesito d. no es mi e. ya sabes f. está bien g. hasta luego, hasta la próxima 4 reiniciar(lo), oírme, llamarte 5 meu

Tática de conversa 1: use o "espanhol Tarzan" 1 a. ¿Más despacio? b. Esto, ¿cuánto? c. Supermercado, ¿dónde?

Tática de conversa 2: memorize palavras polivalentes 1 a. lugar de libros b. persona de restaurante

Observe 1 a. Tengo b. Crees c. Puedo d. Puedo, oírme e. llamo 2 No pasa nada 3 No recuerdo la palabra

Pratique 1 a. Tengo un portátil b. Tienes otro ordenador c. Creo que sabes d. Creo que puedo e. Puedo decir f. Puedes llamar g. Necesito otro ordenador h. Necesito trabajar i. Necesitas poder j. Necesito tener k. Necesitas ser 2 a. Necesitas, ordenador b. Si quieres, puedo ayudarte, no pasa nada c. Puedo oírte, ¿Puedes repetirlo? d. No, dónde está e. Creo, verte

Sua vez: use o hack 1 a. la universidad b. el capitalismo c. el teatro d. el teléfono e. la ciudad f. el apartamento g. la paz h. el ordenador i. la comedia j. la diferencia k. la religión l. la casa m. la fiesta n. el poema o. la acción p. el problema 2 Masculinidad termina em -DAD (uma terminação feminina), feminismo termina em -O (uma terminação masculina).

Junte tudo Exemplo: Necesito un ordenador. Me gustaría tener un smartphone. Creo que mi tablet no funciona.

UNIDADE 4

CONVERSA 1

Desvende 1 a. verdadero b. falso, Sara quiere hablar español con Julia. c. falso, Sara no piensa que Julia tiene mucha paciencia. 2 Juntas significa juntas. Se o falante for homem, diz-se juntos. 3 a. Soy de Colombia. b. ¿Hablas español? c. ¿Te importa si hablamos español juntas? d. Necesito practicar mucho más español e. ¡Vamos a hablar! 4 ¿Hablas español? ¿Te importa si hablamos español juntas? 5 divertido – alegre, paciente – paciente, principiante – iniciante 6 a. ¡Guay! b. Va a ser divertido! c. ¿Por qué no? d. ¡No hay problema!

Observe 1 ¿Te importa si ...? 2 Puedes sentarte. 3 a. muchas b. mucho c. muchos d. mucho 4 a. Solo hablo inglés. b. Aún como la paella. c. Ya estoy en casa. d. Aún estudias el libro.

Explicação gramatical: ¿hablamos? **1** **a.** Pasamos **b.** Creemos **c.** Venimos **d.** vivimos **e.** comemos **2** **a.** Pedro y yo vamos a la playa. **b.** ¡Vamos, Marta! **c.** ¡Vamos a tu casa!

Junte tudo **1** Exemplos: ¿Te importa si hablo contigo? / ¿Te importa si toco tu perro? / ¿Te importa si me siento aquí? / ¿Te importa si entro? **2** Exemplos: Situação 1: Hola, me llamo Jack. Sí, hablo un poco de español, pero aún soy principiante. Yo soy inglés y aprendo español solo desde el año pasado ¿Tú de dónde eres? Situação 2: Aprendo español porque creo que el idioma es muy bonito. Me gusta mucho y un día espero ir a España, tener amigos españoles, comer paella y bailar salsa. Situação 3: Perdón, ¿te importa si pregunto algo? ¿Sabes dónde está el banco?

CONVERSA 2

Desvende **1** **a.** Barcelona **b.** Valencia y Murcia **c.** tiempo **2** **a.** ¿Desde hace cuánto tiempo estás en Madrid? **b.** desde hace unos meses **3** feminino; termina em -dad. **4** **a.** passar o fim de semana b. próximo fim de semana **c.** Claro! **5** **a.** 4 **b.** 3 **c.** 1 **d.** 6 **e.** 5 **f.** 2 **g.** 7

Observe **1** **a.** unas ciudades **b.** no hay tiempo **c.** ¡Hay algunos amigos que quiero ver! **2** **a.** el fin de semana **b.** este finde **c.** el próximo finde **d.** el fin de semana pasado **3** **a.** Debes visitar **b.** Quiero decir… **c.** ¿Quieres decir…? **4** **a.** 4 **b.** 5 **c.** 1 **d.** 6 **e.** 3 **f.** 7 **g.** 2 **5** **a.** Debes tomar el tren el próximo fin de semana. **b.** Me gusta pasar tiempo en Toledo. **c.** ¿Viajas mucho? **d.** Vamos a ver el Alcázar mañana. **e.** Quiero visitar Colombia. **f.** Tomo un taxi en la ciudad.

Explicação gramatical: para **a.** para **b.** em branco **c.** para **d.** em branco

Pratique **1** **a.** Debes visitar, para ver, la ciudad **b.** ir en coche **c.** ir, como, y **d.** Para ir, debes **e.** ir en avión, o, ir en tren **f.** ir en bicicleta, hay **2** **a.** Tomo el tren. **b.** Voy en coche. **c.** ¿Tomamos un taxi? **d.** Vas en avión. **3** Exemplos: **a.** Cuando voy a España, voy a hacer muchísimas cosas: voy a hablar español... **b.** Me gustaría visitar a mi hermana para saber cómo está. **c.** Creo que vamos a tomar el tren. **d.** Quiero ver la arquitectura, visitar los museos e ir a los restaurantes … **e.** y mucho más. **f.** ¡Sé que va a ser muy divertido!

Junte tudo Exemplos: **1** **a.** Viajo bastante, pero me gustaría viajar más. **b.** Voy a Bruselas. **c.** Voy por dos semanas. **d.** Voy el mes que viene. **e.** Voy en avión.

CONVERSA 3

Devende **1** **a.** verdadero **b.** verdadero **c.** verdadero **d.** falso, Sarah quer ir à Rambla para ver o mercado. **e.** falso, Julia acha que vai estar livre na próxima semana, mas ela ainda não sabe. **f.** falso, Julia vai ligar para Sarah na segunda-feira. **2** **a.** Para ver el Mercado de la Boquería. **b.** Para comer en el lugar favorito de Dalí. **3** **a.** aqui está o meu número **b.** lugar favorito de Dalí **c.** você vai estar ocupada **4** **a.** ¿Qué vas a hacer en Barcelona? **b.** Quiero hacer eso también.

Observe **1** **a.** primero **b.** después **c.** luego **2** **a.** voy a ver **b.** vas a ... **c.** vas a ver **d.** eres **3** **a.** Aquí tienes mi número. Aquí tienes mi dirección de email. **b.** ¿Puedes darme tu número (de teléfono)? ¿Puedes darme tu dirección de email?

Pratique 1 a. Voy a darte mi número. b. Mañana, voy a estar ocupado, ¡pero estoy libre este finde! c. No puedo verlo aún ... espero ... ¡aquí está! d. Si no puedo ir, ¿qué voy a hacer? e. Voy a la cafetería para ver a todo el mundo. ¿Quieres venir conmigo? f. ¿Te importa si tomamos el autobús juntos? 2 a. 3 b. 1 c. 2 d. 6 e. 5 f. 4 3 a. Quiero viajar a México. b. ¿Dónde debo pasar mi tiempo? c. ¿Aún no lo sabes? d. No... ¿Crees que puedes ayudarme? e. ¡Claro! Primero, puedes sentarte conmigo. f. ¡Vamos a comer y voy a decirte donde está mi lugar favorito!

Sua vez: Use o hack 1 a. ¡Voy a estar ocupado! b. Voy a hacer mucho. c. ¿Vas a llamarme mañana? d. ¿Vas a comer conmigo? e. No voy a viajar a Bogotá. 2 a. Voy a trabajar b. Puedo decir c. Me gusta beber 3 a. No estás muy ocupado. b. Vas a estar muy ocupado. c. Vas a hablar español. d. Vamos a viajar a Madrid. e. Pablo va a Irlanda. f. Sarah no va a visitar Berlín.

Junte tudo 1 Exemplo: Primero, voy a visitar la ciudad. Entonces, voy a ver a mi amiga María. Voy a visitar con ella los museos. Para comer voy a ir a su casa y a los restaurantes. Quiero ver lo más importante y sacar fotos bonitas. 2 Exemplo: Aquí tienes mi número de teléfono y mi dirección de correo electrónico. ¿Puedes enviarme un SMS o llamarme mañana?

COMPLETE SUA MISSÃO

Crie seu script Voy a ir a Italia. Voy a visitar el Coliseo, el Vaticano y los Museos Vaticanos, voy a comer pizza, pasta y helados. El primer lugar que quiero ver es Piazza di Spagna. Quiero ir en septiembre porque tengo 10 días de vacaciones. Voy a ir en avión y voy a tomar el metro para llegar a todas partes. No voy a viajar solo. Me van a acompañar mis padres y mi tío.

UNIDADE 5

CONVERSA 1

Desvende 1 Quem é? Qual é seu nome? 2 a. falso, Sarah é a aluna favorita de María. b. verdadero c. falso, Julia trabalha com engenheira. d. falso, Julia está em Madri por um mês. e. verdadero 3 a. este b. próximo c. mañana d. después e. cada año 4 a. ¿cómo te va? b. ¿quién? c. mi estudiante favorita d. de hecho e. cada año f. me alegro de

Observe 1 a. Me alegro de verte. b. Me alegro de estar aquí. c. Me alegro de decirlo. 2 te va, se llama, es, trabaja, pasa, le encanta 3 a. él es b. ella es c. Mañana vamos d. Visitamos 4 a. paso tiempo b. planeamos c. vamos a pasar el finde 5 a. gasto b. pasar c. pasa d. gastar e. paso 6 a. La llamo cada día. b. Voy a verla esta noche.

Explicação gramatical: él (ele) e ella (ela)

a. Quiere b. visita c. habla d. Trabaja e. baila

Pratique 1 Exemplos: prometido (noivo) , cuñado (cunhado), suegra (sogra), nieta (neta) 2 a. hermanos b. Está c. mamá, como, Trabaja d. pasar tiempo, hijos e. mi hermano, lo veo f. Mi familia, pasamos, juntos g. planea trabajar h. Mi novia, todos los días, Le 3 a. Exemplo: Mi mejor amigo se llama Mark. b. Exemplo: Vive aquí en Londres, en mi calle. c. Exemplo: Mi mejor amigo no trabaja, es estudiante como yo. 5 a. Mi prima vive en un apartamento cerca de su universidad. b. Mi novio es taxista. c. Mi mejor amiga lee mucho.

Junte tudo Exemplo: Mi persona favorita es mi mejor amiga y se llama Rebecca. Vive en mi ciudad, en Washington, con sus padres. No trabaja aún, pero quiere ser informática.

CONVERSA 2

Desvende 1 a. ¿Estás casad@? b. como tú c. estoy solter@ 2 a. mucho tiempo b. (la) casa de Juan c. Está soltera. d. No le gustan. 3 feminino porque termina em "a"

Observe 1 conoce, tiene, rompe, es 2 El perro/perrito de mi hermano. El amigo de mi padre. 3 a. ¿De dónde vienes? b. ¿Con qué escribes? c. ¿A qué hora comienza la clase?

Explicação de vocabulário: saber e conocer (conhecer) 1 a. Conozco b. Sabes c. Conocemos d. Sabe

Sua vez: Use o hack 1 a. Vuelo b. Cerramos c. Prefieres 2 a. Tienes muchos libros. b. Doy el dinero a Marta. c. Digo algo raro cada día.

Pratique 1 a. Exemplo: Sí, tengo novio. b. Exemplo: No, no tengo hijos. c. Exemplo: Vivo con mi novio. 2 a. ¿Quieres decir ...? b. Quiere decir... 4 a. Conozco, amigo, Nos parecemos mucho b. de mi madre

Junte tudo Exemple: Conozco a mi novia desde primaria. Estamos juntos desde hace 25 años, pero estamos casados desde hace 15. Planeamos ir a Marruecos el año que viene.

CONVERSA 3

Desvende 1 a. Quatro – Somos cuatro. b. Ela não tem certeza – No estoy segura. c. No parecen tu tipo. 2 a. Temos dois filhos. b. Como se diz em espanhol...? c. homens espanhóis 3 a. se llaman b. no parecen c. nunca se sabe

Explicação gramatical: ellos/ellas (eles) 1 a. adoran b. están c. trabajan d. viven e. quieren f. hablan g. comen h. esperan i. viajan

Pratique

1 infinitivo: querer, ser, ir, conocer, decir

yo: quiero, soy, voy, conozco, digo

tú: quieres, eres, vas, conoces, dices

él/ella: quiere, es, va, conoce, dice

nosostros: queremos, somos, vamos, conocemos, decimos

ellos: quieren, son, van, conocen, dicen

2 ¡Estoy segur@!

3 a. 4 b. 5 c. 1 d. 3 e. 2 f. 6

4 a. es b. están c. va d. van

Junte tudo Exemplo: En mi familia somos 3 y vivimos en Manchester. Mis padres se llaman Jack y Claire. Él tiene 56 años y ella, 51. Mi papá es profesor y mi mamá es recepcionista. Tengo 6 buenos amigos desde la universidad y trabajamos juntos en una empresa de informática. No tengo perro y pero creo que mi novia y yo vamos a tener gatos juntos.

FINALIZANDO A UNIDADE 5

Sus primos se llaman Jorge y María. Su mamá es recepcionista. Su nobio tiene treinte años. Sus hermanos viven en Murcia. Sí – su mejor amigo tiene gatos.

COMPLETE SUA MISSÃO

Crie seu script La persona más importante en mi vida es mi novia. Ella es muy importante para mí porque me ayuda cada día. Mi novia es una persona muy determinada, optimista y muy simpática. Conozco a mi novia desde hace 7 años y estamos juntos desde hace 6 años. Mi novia es profesora y trabaja en la universidad. Es una persona muy especial.

UNIDADE 6

CONVERSA 1

Desvende **1** a. Patatas bravas. Sangría. **b.** tienen, saben, puede **2** Nós já sabemos. **3 a.** Para mí, unas patatas bravas. **b.** Yo voy a tomar gazpacho. **c.** Una cola para mí. **4 a.** ¿Y para beber? **b.** ¿Vas a beber algo?

Observe **1** A tradução literal do espanhol é "Eu tenho fome", e não "eu estou com fome". **2** querer **3 a.** Queremos una botella de agua. **b.** ¿Puede ponerme una sangría? **4 a.** Voy a tomar **b.** Queremos **c.** Para mí **d.** ¿Puede ponerme ...? **5 a.** 7 **b.** 2 **c.** 4 **d.** 6 **e.** 1 **f.** 3 **g.** 5

Pratique **1 a.** comer **b.** beber **c.** comprar **2 a.** van a beber **b.** botella de agua **c.** voy a tomar, ella va a tomar **d.** Sabemos, queremos **e.** ya, hambre **3** Exemplos: (comida) arroz y frijoles, paella, gazpacho y patatas con alioli (frases) ¿Qué me recomienda de segundo plato? ¿Puede traerme la cuenta?

Junte tudo **1** Exemplos: Sí, para mí un gazpacho. Un arroz negro, por favor. Para beber, agua y vino tinto, gracias. ¿Puede venir? Sí, ya sabemos el postre. Para mí, un arroz con leche, por favor. **2** Exemplo: Vamos a comer una tortilla de patatas. Vamos a beber vinto tinto. Normalmente cocino en casa entre semana y ceno fuera en un restaurante los fines de semana.

CONVERSA 2

Desvende **1 a.** Sarah quer visitar a Sagrada Familia. Julia quer ir à praia. **b.** Julia acha que é feia. Sarah acha que é linda. **c.** Vamos a hacer un trato. **2 a.** hay demasiados turistas **b.** hay menos gente **c.** hay menos turistas **3 a.** Tenemos que ver el mar Mediterráneo. **b.** Porque la playa es más relajante. **4 a.** claro que... **b.** No estoy de acuerdo **c.** ¡Suena bien! **d.** Hay tantos ... **5 a.** melhor que **b.** menos **c.** o mais

Observe **1** Você tem razão, tengo hambre (tenho fome) **2 a.** el más feo **b.** mejor **c.** menos **d.** más **e.** demasiados **f.** muchos **3 a.** sé que **b.** sabes que hay **c.** necesitamos **d.** necesitamos tantos **e.** necesito demasiados **4 a.** 3 **b.** 4 **c.** 2 **d.** 1 **e.** 6 **f.** 5

Explicação gramatical: comparações **1 a.** más simpáticos **b.** más libros **c.** más famoso **d.** más joven **e.** menos cara **f.** menos turistas

Pratique **1 a.** ¿Solo hay tres estudiantes aquí? **b.** Hay unos libros en mi casa. **c.** Creo que hay menos perros en el parque hoy. **2 a.** Barcelona es más grande que La Rioja. **b.** Hay menos gente aquí que en tu casa. **c.** Creo que este restaurante es demasiado pequeño. **d.** Durante la semana hay que trabajar. (Também tienes que)

Junte tudo 1 Exemplo: He comenzado este mes a estudiar español. He practicado con mi profesor cada día y me ha dicho que aprendo rápido! Esta semana he aprendido como hablar del pasado.

CONVERSA 3

Desvende 1 a. La música de Joaquín Sabina. b. La música moderna. c. Unas canciones. 2 a. algumas canções b. uma boa resposta c. você vai adorar 3 a. ¿Qué me recomiendas? b. ¿Dónde está el camarero? c. ¡La cuenta, por favor! 4 a. en mi opinión b. me gusta más que ... c. ¿Qué me recomiendas? d. me gustaría e. voy a darte f. puedes recomendarme

Observe 1 a. te va a encantar b. Me gusta más que... c. ¿Quieres pedirla? d. Acabo de hablar ... 2 a. 4 b. 1 c. 5 d. 2 e. 3 3 a. ¿Qué me recomiendas? b. Puedes recomendarme... c. Dime ...

Pratique 1 a. agua, la cuenta, más tiempo, otra bebida b. Exemplo: Me gustaría aprender algo más sobre la historia de Argentina. 2 a. Me encanta, arquitectura, De hecho, más que, arquitectura b. En tu opinión, es más c. debo darte mi d. más, música, o la

Sua vez: use o hack 2 a. La verdad es que... b. aunque... c. No tengo ni idea... d. En general... e. Menos mal... f. Por desgracia... 3 Exemplos: a. La verdad es que está todo delicioso. ¿Me pasas la receta de este postre? b. Vivo en Granada, en una casa, francamente, demasiado pequeña. c. Pienso que no necesito nada, pero muchas gracias por preguntar. d. Por desgracia no me gusta, por eso estoy siempre cansado por la tarde.

Junte tudo Mi museo favorito de Madrid es el Reina Sofía. En mi opinión, es mucho mejor que el Prado, que, por cierto, me parece aburrido. Mi cuadro favorito del Reina Sofía es de Dalí. Me gustaría aprender más sobre su vida. Es más interesante que la de Boticelli, ¿no crees?

FINALIZANDO A UNIDADE 6

a. falso b. verdadero c. falso d. verdadero e. falso

COMPLETE SUA MISSÃO

Crie seu script Mañana quiero ir a comer a mi restaurante favorito de Valencia. En mi opinión, hace la mejor paella valenciana de toda España, que solo lleva carne y verdura, ¡nunca marisco! Otros platos que recomiendo son el jamón ibérico y la tortilla española. Me gustan porque son platos tradicionales y muy sanos también. Creo que los platos son bastante más grandes que en los otros restaurantes de Valencia, ¿sabes? También es verdad que son un poco más caros, pero pienso que está todo muy rico. Tienen muchos tipos de bebidas, pero la cerveza es más barata que el vino. ¿Qué postre español me aconsejas entre el arroz con leche, la crema catalana y las torrijas?

UNIDADE 7

CONVERSA 1

Desvende 1 a 2 a. este fin de semana b. Hablamos de nuestros planes c. ¿Qué hay de nuevo? 3 descobri 4 a. falso b. falso c. verdadero d. verdadero

Observe 1 a. la semana pasada b. pasad@ c. ayer 2 a. ¿Qué has hecho? b. me divertí c. visitamos d. hablamos e. cenamos

Pratique 1 a. He comido b. He estudiado c. He jugado d. He vivido 2 a. He viajado b. Han trabajado c. has visto d. Hemos comido e. ha bebido 3. He tomado

Junte tudo **1** Exemplo: He ido a trabajar todos los días, como siempre, pero he ido al gimnasio 3 veces. Además, he empezado una dieta porque he decidido que tengo que perder 5 kg. He hablado con el médico y me lo ha aconsejado. **2** Exemplo: Nunca he ido a Australia, pero planeo ir pronto. Siempre he hablado con mi papá de mis planes futuros. Siempre ha dicho que soy una persona muy responsable. Nunca hemos comido en tu casa. ¿Cuándo nos invitas?

CONVERSA 2

Desvende **1 a.** verdadero **b.** falso **c.** falso **2 a.** Ha practicado unas frases/Ela praticou algumas frases **b.** Hace solo unos meses/Só há alguns meses **c.** Eu esqueci! **3** has tenido, he estudiado, he aprendido, he practicado, has hecho, he dicho, has dicho, comenzaste, he comenzado, decidí, compré, volé, olvidé **4** tengo que decir **5 a.** Você teve/Você teve tempo para...? **b.** Eu aprendi algumas palavras novas. **c.** Eu comecei só há alguns meses.

Observe **1 a.** ¿Has tenido tiempo de ...? **b.** Tengo que decir que... **c.** ¿Has tenido ...? **2 a.** decidí **b.** comenzaste **c.** me olvidé **3** he estudiado, he aprendido, he practicado, he comenzado, decidí, compré, volé, olvidé **4 a.** eu voei **b.** eu tomei **c.** decidi **d.** visitou

Junte tudo En mis clases de español de hace dos años el profesor explica solo la gramática y yo no sé hablar. Pero ahora practico con los españoles y hablo bastante bien. Después de clase voy a comer junto con mis compañeros y vuelvo a pie, pero ahora vivo lejos y tengo que ir en coche. Jugamos mucho al fútbol juntos, pero este año trabajo y no tengo tiempo.

CONVERSA 3

Desvende **1 a.** pronunciación **b.** mejor **c.** gramática **2 a.** verdadero **b.** falso **c.** falso

Observe **1 a.** Es mejor aprender cada día. **b.** Olvidé tu nombre. **c.** Aprendí español ese año. **2 a.** 5 **b.** 4 **c.** 1 **d.** 6 **e.** 2 **f.** 3 **3 a.** visto nada **b.** nadie aquí **c.** comido paella nunca

Explicação de vocabulário **1 a.** he estudiado **b.** vamos a viajar/viajamos **c.** voy a leer **d.** practicamos/hemos practicado **e.** han comido **f.** ha visitado

Pratique **1 a.** las dos palabras **b.** Hablas, quiere decir **c.** Has entendido **d.** Cómo, pronunciación, He dicho, palabra **e.** otra palabra **f.** He visitado, he aprendido **g.** He practicado, gramática **h.** He escrito, frases, decirme **i.** has ayudado **2 a.** ¡No me ayudas nunca! **b.** No ha dicho nada. **c.** No conozco (a) nadie aquí.

Sua vez: use o hack **1 a.** he tomado **b.** he viajado **c.** he preparado **2** busco, encuentro **3** Exemplo: **a.** La semana pasada he ido al concierto de Enrique Iglesias. **b.** El sábado pasado he ido a cenar con mi amiga Luisa. **c.** Hace dos años he iniciado la universidad. **d.** Ayer he estudiado español con mi profesor.

Junte tudo Hace algunos días he visto a Lucas. Hace 5 años que no lo he visto, pero he hablado con él en Facebook. Le he dicho que he estudiado español y ese día le he enseñado qué sé decir. Se ha sorprendido mucho y yo me he sentido muy orgulloso.

COMPLETE SUA MISSÃO

Crie seu Estudio español desde hace dos meses. Hace dos semanas he tenido un momento muy divertido en clase. He hablado sobre mí y cuando he hecho un error, he dicho: 'estoy embarazada'. El profesor se ha preocupado un momento y luego ha entendido que solo me he equivocado. Todos nos hemos reído mucho. Ese día he aprendido bien qué significa "estar embarazada", jaja.

UNIDADE 8

CONVERSA 1

Desvende 1 **a.** muito melhor (mucho mejor) **b.** recentemente (hace poco) **c.** omelete espanhola (tortilla de patatas) 2 Me alegro de volver a verte 3 **a.** Ha comenzado a cocinar. **b.** Va a hacer arroz con leche. 4 **a.** ¿Qué tal todo? **b.** ¡Cuánto tiempo! 5 Praticar é importante.

Observe 1 **a.** la última clase **b.** la próxima persona **c.** la próxima hora 2 **a.** Cuánto **b.** Qué **c.** rápido/rápidamente **d.** a hacer...

Pratique 1 **a.** ¡Cuánto tiempo! Me alegro de volver a verte. **b.** ¿Qué te cuentas? Veo que... **c.** Hace poco he comenzado 2 Exemplos: **a.** Sé que estudias español como yo. **b.** ¿Conoces la historia de España? **c.** ¿Has visto el Museo Thyssen en Madrid? Te lo recomiendo. 3 Exemplo: Hace poco he comenzado a hacer postres. En este momento solo sé hacer unas pocas recetas, pero me gustaría mejorar y aprender cada vez más...

Junte tudo Exemplo: Hace poco me he apuntado a un curso de cocina porque me gusta mucho hacer tartas, pero no sé hacer la paella. La última vez que lo he intentado no ha salido nada bien. Hasta ahora siempre he tenido que tirarla. Estoy desesperada, pero espero mejorar y aprender cada vez más...

CONVERSA 2

Desvende 1 **a.** Sarah va en bicicleta. **b.** A veces Felipe va al trabajo en coche. **c.** Felipe cena en un restaurante con el mejor bocadillo de jamón. **d.** Felipe normalmente cocina en casa. 2 estranho, tenho/Ela tem uma rotina 3 Parece que... Início de conversa
4 **a.** Yo también/Yo tampoco ... Raramente/Normalmente **b.** metro, bicicleta, coche

Observe 1 ¿Te va bien? 2 Exemplos: **a.** antes de ir al trabajo **b.** por la noche **c.** antes **d.** de vez en cuando **e.** raramente **f.** a menudo **g.** siempre **h.** a veces **i.** nunca **j.** por la ciudad **k.** a todos lados **l.** el mismo (lugar) **m.** en casa **n.** en coche **o.** para comer. 3 Exemplos: **a.** suelo leer en la biblioteca **b.** suelo desayunar con mi esposa **c.** suelo ir al bar con mis amigos **d.** suelo mirar Facebook **e.** suelo beber un te.

Pratique 1 Voy a correr. Saco fotografías. Aprendo idiomas. 2 Exemplos: **a.** Me gusta ir a la biblioteca. ¡Hay tantos libros! **b.** Voy a la biblioteca porque me gusta leer y quiero aprender muchas cosas **c.** Nunca he ido a España.

Junte tudo Exemplo: Cada día me despierto a las 7, desayuno con mis padres, me ducho, me visto y voy a trabajar cada día en coche. Entro en la oficina a las 9 y mis compañeros y yo hacemos una pausa para comer a las 14...

CONVERSA 3

Desvende 1 **a.** falso **b.** verdadero **c.** verdadero **d.** falso 2 **a.** Espero ir al parque con unos amigos a jugar un partidillo de fútbol. **b.** a jugar un partidillo de fútbol, con unos amigos **c.** ya he planeado ir de compras con alguien **d.** con alguien

Observe 1 **a.** ¿Qué debo llevar? **b.** ¿A qué hora? **c.** ¿Podrías escribir la dirección? **d.** Puedo ponerla en el mapa de mi móvil. **e.** ¿Qué debo comer? **f.** ¿A qué hora termina? **g.** ¿Sabes la dirección? **h.** ¿Dónde es la fiesta? **i.** ¿A qué hora debo llegar? **j.** ¿Puedo llevar vino?

Explicação gramatical: Condicionais 1 a. iría b. debería c. podría d. podrías 2 a. encantaría b. estarían c. intentaría d. iría e. gustaría f. hablarías

Pratique 1 a. ¿Qué haces esta noche? b. ¿Tienes tiempo libre luego para ir al concierto. c. ¿Te gustaría venir? 2 a. Eso sería estupendo. b. Me encantaría, pero por desgracia ya tengo otros planes. 3 a. ¿Te gustaría aprender español conmigo? b. ¿Podrías preguntarme la próxima vez? 4 a. você prepararia b. eu seria c. ela viajaria d. pareceria e. você poderia

Junte tudo 1 Exemplo: En un día de vacaciones me despertaría sin alarma, desayunaría algo delicioso con chocolate, me ducharía y no debería ir al trabajo. Primero iría a la playa ... 2 Exemplo: Podría ir en septiembre del año que viene o en noviembre. ¿Qué mes sería mejor para visitar Machu Picchu? ¿Dónde comenzaría el viaje y dónde acabaría? ¿Cuántos días duraría? ...

Sua vez: Use o hack a. Exemplo: No van a ganar el partido, creo. b. Exemplo: ¡Qué guay! Comemos en este restaurante juntos. c. Exemplo: Me encantaría bailar contigo. d. Exemplo: Prefiero ir luego al supermercado.

FINALIZANDO A UNIDADE 8

2 a. leer b. las novelas de ciencias ficción y las autobiografías c. muy a menudo, casi todo los días. d. antes de ir a la cama e. leer

COMPLETE SUA MISSÃO

Crie seu script Me encanta la fotografía y sacar la foto perfecta. La gente piensa que solo depende de la cámara, pero no es verdad y no es fácil. Me ha gustado siempre la fotografía y tengo la cámara desde hace 5 años. Hasta ahora he ganado 5 concursos de fotografía en Estados Unidos. Todos los días trabajo de 9 a las 3 de la tarde, luego vuelvo a casa y como con mi familia. Por las tardes, suelo ir a hacer la compra o voy al gimnasio. Cada fin de semana me gusta ir con mi pareja a la playa, que está a 20 minutos de mi casa. Voy en coche y me relaja mucho. Allí tomo el sol, me tumbo, me baño y doy paseos. Me gustaría visitar países del norte como Finlandia o Islandia. Todos me han dicho que son preciosos. Cada día me encanta desayunar con calma. Es el momento del día que prefiero. Por eso, me despierto siempre al menos una hora antes de salir de casa. ¡Sin café no sé cómo me llamo!

UNIDADE 9

CONVERSA 1

Desvende 1 a. Es la última semana de Sarah en Madrid. b. Están planeando ir de compras. c. Hay muchos árboles en la avenida. 2 a. Que pena! b. depende. c. Vou voltar logo para os EUA. 3 a. en el campo b. las montañas c. el lago y el bosque d. en la calle e. al sol

Observe 1 a. Sarah vuelve la próxima semana. b. Sarah va a comprar regalos. c. Porque quiere recordar Madrid. d. Sarah va a la Gran Vía. 2 a. recordarme b. recordarte c. Me ha recordado 3 a. 6 b. 5 c. 1 d. 3 e. 2 f. 4 4 el campo, las montañas, el lago, la ciudad, el bosque, los árboles, el sol 5 a. ¿Vives en el el campo, o en la ciudad? Ex: Vivo en la ciudad b. ¿Hay muchos árboles en tu calle? Ex: No, no hay muchos c. Es mejor pasar tiempo cerca del lago, del bosque, o de las montañas? Ex: Prefiero pasar tiempo cerca del lago, es más bonito.

Pratique 2 Exemplos: a. Vivo en un pueblo al lado del mar. b. Cerca de mi casa hay un parque y una universidad ... 3. Exemplos: a. Mi amiga Jackie vive en Nueva York. b. Su casa es maravillosa y está cerca de Central Park...

Explicação de vocabulário: Descreva o clima 1 a. Hace buen tiempo. b. Hace mal tiempo. ¡Qué pena! c. Hace frío cerca del lago. 2 Exemplo: Ahora estoy cerca de la playa, pero aquí está nublado. Hace mucho viento y mucho frío.

Junte tudo 1 Exemplo: La playa de la ciudad donde vivo es muy bonita. Es muy ancha y parece una playa oceánica de Estados Unidos. Está llena de palmeras, pero no hay bares cerca. Por esa razón, es muy tranquila...

CONVERSA 2

Desvende 1 a. falso b. verdadero c. falso 2 a. jamón y un vestido b. una aventurera c. joven d. tradicionales e. más barata 3 a. impresionante b. aventurera c. típico d. aburrido e. viejo f. nuevo g. tradicionales 4 a. ya b. muchas cosas c. bastante d. más barata e. sería aburrido

Observe 1 a. eso me recuerda b. que debo comprar c. hay tantas tiendas d. muy aburrido 2 a. fácil, difícil b. único, típico c. estúpidos, inteligentes d. modernos, tradicionales e. aventurera, tímida f. viejo, joven 3 a. La tienda está abierta. b. Las tiendas están abiertas. c. La tienda estaría abierta. d. Mi hermano es alto. e. Mis hermanos son altos. f. Mi hermana es alta. g. Mis hermanas son altas.

Pratique 1 Es el más barato/Es la más barata. 2 Exemplos:

Espanhol (m/f)	Significado	Espanhol (m/f)	Significado
tímid@	tímida	*aventurer@*	aventureiro(a)
fe@	feio(a)	*guap@*	bonito(a)
viej@	velho(a)	*joven*	jovem
rar@	estranho(a)	*típic@*	típico(a)
desagradable	desagradável	*simpátic@*	simpático(a)
pesimista	pessimista	*optimista*	otimista
orgullos@	orgulhoso(a)	*modest@*	modesto(a)
divertid@	engraçado(a)	*seri@*	sério(a)

3 a. atractivo b. atento c. creativo d. curioso e. honesto f. inteligente g. sincero h. tolerante i. ignorante j. impaciente

4 Exemplos: a. Soy muy simpático y curioso. Mi trabajo es muy interesante y aprendo algo nuevo cada día. b. Mi hermano es muy inteligente y creativo. Su casa es muy bonita y elegante. c. Mi amiga es rubia, muy alta y es la mejor persona que conozco.

Junte tudo Exemplo: Mi madre y mi padre son personas muy distintas. Mi padre es muy optimista y determinado, mientras que mi madre suele ser un poco pesimista, pero muy simpática y generosa...

CONVERSA 3

Desvende 1 a. (para praticar corrida) Él usa los auriculares para videojuegos online. b. (não) Los auriculares son un poco caros. c. (em dinheiro) Sarah va a pagar con tarjeta de crédito. 2 En efectivo, con tarjeta de crédito. A esse preço. 3 a. negros b. verdes 4 serían

Observe 1 a. parece b. se usa para 2 ¿Para qué tipo de juegos los usa tu hermano?, tengo que usar mi tarjeta de crédito 3 a. este/esta b. el negro/la negra c. el pequeño/la pequeña d. el nuevo/la nueva 5 a. un poco caro b. pagar en efectivo c. usar mi tarjeta de crédito d. la caja

Pratique 1 a. ¿Cuánto cuesta el/la grande? b. calidad c. ¿Puedo usarlo ahora? d. ¿Acepta tarjeta de crédito? e. ¿Puedo pagar en efectivo? 2 a. los rojos b. esa marca c. la caja d. grande 3 long, anch@, de buena calidad, má qualidade, pesado, verde, preto

Junte tudo Exemplo: Busco un accesorio de lana para el cuello, adecuado para el invierno. Es de color azul y es de Ralph Lauren...

FINALIZANDO A UNIDADE 9

2 a. No b. Su amigo c. La vista es impresionante d. hoy está lloviendo e. No.

COMPLETE SUA MISSÃO

Crie seu script La ciudad donde he crecido es muy pequeña y no hay mucho que hacer o que ver allí. Por eso, no la recomiendo a los turistas. Pero tiene mar y la playa es muy bonita. Aparte de la playa, hay colinas y montañas cerca de la ciudad. El clima es templado y suele hacer buen tiempo y calor en verano. En invierno hace frío, pero no suele nevar porque está cerca del mar (solo de vez en cuando). Ya no vivo allí, pero mis padres y mi hermano aún sí, en una casa muy grande de tres plantas. Mis padres y mi hermano son las personas más importantes en mi vida. Mi hermano tiene 25 años y es matemático. Mis padres están jubilados. Los echo de menos, así que me he comprado un marco de fotos para poner una foto nuestra en el salón de mi casa.

UNIDADE 10

FINALIZANDO A UNIDADE 10

2 Sara, Guatemala, Buenos Aires, 3 años, francés y portugués, viajar y leer.

COMPLETE SUA MISSÃO

¡Me alegro de hablar contigo hoy! Mi nombre es Benny. Quiero aprender español para mi trabajo. ¿Cuántos estudiantes tienes? ¿Desde cuándo enseñas? No quiero hablar de gramática. ¿Podemos hablar de ordenadores? Muchas gracias por tu tiempo hoy. ¡Hasta la próxima (vez)!

AGRADECIMENTOS

Embora o nome e o rosto na capa sejam meus, estas páginas contêm as vozes e ideias de muitas pessoas.

Tive a sorte de conhecer muitos falantes de espanhol que me encorajaram quando eu era um iniciante em dificuldades, dos alunos da Erasmus com quem estudei em Valência, aos meus instrutores de tango e salsa na Argentina e Colômbia. Minha experiência de aprendizado foi repleta de amigos que deram vida ao idioma e me deram a paixão para inspirar outras pessoas.

Não posso deixar de elogiar minha editora, **Sarah Cole**, que me propôs essa excelente oportunidade de colaborar com a série *Teach Yourself.* Nos dois anos em que trabalhamos juntos, sempre contei com seu apoio incondicional e entusiasmo pela minha proposta de escrever um curso de idiomas moderno. Nenhuma outra editora seria capaz de investir tanto na concretização desses projetos.

Melissa Baker atuou nos bastidores, equilibrando prazos e fazendo milagres para que todas as peças do quebra-cabeça se encaixassem. Sou grato aos demais membros da equipe *Teach Yourself* no Reino Unido e nos EUA pelo entusiasmo incrível que demonstraram pela criação de um curso de idiomas realmente novo.

Becca Mosher trabalhou comigo durante vários meses juntamente com minha "mini" equipe, **Alessandra, Andrew**, e o falante nativo **Andrés** que trouxe expressões divertidas em espanhol e gírias para as conversas, muitas vezes trabalhando até tarde para me ajudar a expressá-las corretamente.

Meus sinceros agradecimentos aos brilhantes integrantes da Equipe FI3M: **Bálint, David, Kittichai, Dávid, Joe, Ingo, Joseph, Adam, Holly e LC,** que administraram de maneira inovadora o meu site, *Fluent in 3 Months*, enquanto eu desenvolvia os cursos. Obrigado a todos.

Finalmente, quero agradecer à **Lauren**, minha parceira, pois sem ela este curso nunca teria saído do papel. Se eu fosse o Tony Stark, ela seria a Pepper Potts. Lauren se empenhou bastante para viabilizar as minhas ideias malucas, sempre com profissionalismo e sugerindo muitos dos conceitos inteligentes que aparecem nestas páginas. Seu perfeccionismo e sua trajetória acadêmica facilitaram a concretização incrível do projeto inicial neste curso excelente.

ROTAPLAN
GRÁFICA E EDITORA LTDA
Rua Álvaro Seixas, 165
Engenho Novo - Rio de Janeiro
Tels.: (21) 2201-2089 / 8898
E-mail: rotaplanrio@gmail.com